Ernst Jünger est né en 1895 à Heidelberg (Allemagne). Très tôt, il manifeste un goût très vif pour l'aventure et à moins de seize ans il s'enfuit du domicile paternel et réussit à s'engager — pour un temps bref — dans la Légion étrangère. Héros de la Première Guerre mondiale, il obtient la croix Pour le Mérite, la plus haute décoration militaire allemande.
Devenu célèbre par la publication d'*Orages d'acier*, il s'engage dans la lutte politique en 1918, mais — bien que nationaliste et conservateur — prend vite ses distances avec le nazisme qui, dès lors, le tiendra en suspicion. La publication de *Sur les falaises de marbre* en 1939 accentuera encore la méfiance des hitlériens à son égard.
Il participe cependant avec le grade de capitaine à la campagne de France et prendra part au complot contre Hitler où il faillit laisser sa vie.
Après la guerre, Jünger a opté pour l'Europe dans un essai *La Paix*, paru en 1946.
Passionné d'entomologie, de grands voyages le conduisent partout dans le monde, mais il vit la plupart du temps retiré dans un petit village de Souabe, en lisière de la Forêt-Noire.

ŒUVRES DE ERNST JÜNGER

Dans Le Livre de Poche :

SUR LES FALAISES DE MARBRE.
HÉLIOPOLIS.
ABEILLES DE VERRE.
VISITE À GODENHOLM
suivi de
LA CHASSE AU SANGLIER.
ORAGES D'ACIER.

ERNST JÜNGER

« *Strahlungen* »

Jardins et Routes

JOURNAL I
1939-1940

TRADUIT DE L'ALLEMAND
PAR MAURICE BETZ

ÉDITION DÉFINITIVE REVUE
PAR HENRI PLARD

CHRISTIAN BOURGOIS

INTRODUCTION

1

Il est question dans ces pages, du journal des sept marins, qui, en 1633, hivernèrent sur la petite île de Saint-Maurice, dans l'océan Glacial Arctique. Avec leur assentiment, la Société néerlandaise du Groenland les y avait déposés pour étudier l'hiver arctique et l'astronomie polaire. Dans l'été de 1634, au retour de la flotte des baleiniers, on découvrit leur journal et sept cadavres.

En même temps que se déroulait cet épisode, se déclenchaient sur d'autres parties de la planète les phases de la grande discussion sur la question du Libre Arbitre. Luther et Erasme venaient de la soulever avec une force nouvelle; elle tendait aussi, après avoir donné forme à la théologie, à délimiter les frontières politiques et spatiales. En 1634, Wallenstein était assassiné à Eger – un événement qui retarda l'évolution de l'histoire. En revanche, la mort de Coligny, en 1572, semble avoir simplifié et accéléré l'évolution qui devait mener à notre conception du monde.

Nous jugeons ainsi, parce que nous voyons dans l'Etat unitaire et dans ses formes spécifiques le but que, dans le monde, l'esprit cherche à atteindre par des voies savantes. C'est pourquoi le triomphe de Richelieu et de Cromwell nous paraît logique, alors que l'échec de Wallenstein introduit l'ère des puissances politiques de deuxième et de troisième rangs.

Mais qui donc connaît les véritables grands instants de l'histoire et l'importance des revers qui façonnent la conscience? Qui sait ce qu'a perdu la France dans la nuit de la Saint-Barthélemy, et ce que la mauvaise étoile de Wallenstein a peut-être empêché? Certes, ce sont là des spéculations que l'on fait au coin du feu ou pour passer le temps, les nuits de veille. Nous surestimons l'importance des personnalités politiques et certains coups sur l'échiquier.

Cent ans avant que ces hommes, mourant du scorbut sur l'île Saint-Maurice, eussent tenu leur journal, Copernic jetait les grandes lignes de la nouvelle cosmographie. On a raison d'estimer que de telles dates sont plus importantes que celles de l'histoire des Etats et des guerres. Elles sont aussi infiniment plus dangereuses. En 1633, le vieux Galilée comparaissait devant le tribunal de l'Inquisition. Le « E pur si muove » qu'on lui attribue est l'un des maîtres mots de notre destin; on voit que la raison aura le dernier mot.

Depuis, l'idée que nous habitons une boule qui, avec la vitesse d'un projectile, s'élance dans des abîmes vers des tourbillons cosmiques, nous est devenue plus familière. Déjà, chez Rimbaud, la trajectoire dépasse la représentation. Et devant ce fait, tout esprit anti-copernicien tombera sur l'idée suivante : qu'il est infiniment plus facile d'accélérer le mouvement que de revenir à une trajectoire plus lente. D'où l'avantage que la pensée nihiliste a sur toutes les autres. Et c'est là-dessus que se fonde aussi la singulière audace des nouvelles entreprises théologiques qui s'amorcent. Il existe un degré de vitesse à partir duquel tous les objets immobiles deviennent à leur tour dangereux et se transforment en projectiles. Il suffit, dans les contes arabes, de prononcer le nom d'Allah pour que les démons volants soient brûlés, comme par le passage d'une étoile.

2

Déjà, les sept marins sont des figures de ce monde copernicien dont l'un des traits est l'attirance vers les pôles. Leur journal appartient à la littérature moderne dont on peut dire, d'une façon générale, que son signe spécifique est l'éloignement entre l'esprit et l'objet, entre l'écrivain et le monde. Cela mène à d'innombrables découvertes. Ces œuvres sont emplies d'observations de plus en plus précises, d'une puissante lucidité; elles sont faites de solitude et aussi, enfin, de douleur.

Depuis, on a trouvé beaucoup d'autres journaux intimes auprès de morts, et on les a publiés. Mais les vivants aussi nous livrent leur journal, et désormais sans risques depuis les Dîners chez Magny. Bien plus, le genre « journal » est devenu une caractéristique de notre littérature. Parmi toutes sortes de raisons, il y a celle de la vitesse, déjà mentionnée. La perception, la diversité des tons peuvent s'accroître jusqu'à un degré dangereux pour la forme – comme l'exprime fidèlement notre peinture. En revanche, dans la littérature, le journal est le meilleur médium. Dans l'Etat totalitaire, il reste le seul mode de discussion possible.

Même du point de vue philosophique, la situation peut devenir si menaçante qu'elle amène l'œuvre à se rapprocher du livre de bord, comme l'annonce, pour la première fois, La Volonté de Puissance. *Ce sont des notations prises à travers des mers où le tourbillon du Maëlstrom devient sensible et d'où les monstres émergent. On voit le timonier observer les instruments de bord, peu à peu chauffés à blanc, et qui réfléchit à sa navigation et à son but. Il examine aussi les différents chemins possibles, les routes les plus aventureuses, où la raison pratique sera mise en échec. La vision anticipée de la catastrophe est plus effrayante que les terreurs réelles du monde en feu. Cette audace n'est donnée qu'aux esprits les plus hardis, les plus robustes, ceux qui sont à la mesure des dimensions de l'événement, sinon de son poids. Succomber de la sorte, tel fut le destin de Nietzsche, qu'il est de bon ton, aujourd'hui, de lapider. Le tremblement de terre passé, on s'en prend aux sismographes. On ne peut pourtant pas faire expier les typhons aux baromètres, si l'on tient à se distinguer des primitifs.*

Poe, Melville, Hölderlin, Tocqueville, Dostoïevsky, Burckhardt, Nietzsche, Rimbaud, Conrad, augures des abîmes du Maëlstrom dans lesquels nous avons sombré, seront souvent évoqués dans ces pages. Léon Bloy et Kierkegaard sont aussi au nombre de ces esprits. La catastrophe a été prévue dans ses moindres détails. Mais les textes étaient souvent hiéroglyphiques; il est en effet, des œuvres pour lesquelles nous ne sommes venus à maturité qu'aujourd'hui. Elles sont comme des transparents dont les inscriptions ne se dévoilent qu'en présence des flammes.

Et, une fois encore, la Bible a prouvé qu'elle était le Livre des Livres, prophétique aussi pour notre temps; pas seulement prophétique, mais aussi suprêmement consolante et de ce fait, le manuel de tout savoir qui, une fois de plus, a accompagné des hommes innombrables à travers ce monde d'épouvante. Nombreux seront ceux qui, en s'y plongeant, auront clairement senti la nécessité aussi bien d'une nouvelle théologie que d'une nouvelle exégèse conçue dans l'esprit du XXe siècle. Tout au long de ce journal, on trouvera des remarques s'y rapportant. Elles ont été faites pour mon usage propre, mais elles donneront peut-être à tel lecteur une idée de la méthode qui lui permettra d'aborder personnellement ce sujet. Je dois à Léon Bloy surtout cette impulsion méthodologique; je cite souvent ses œuvres et je ne voudrais pas manquer de le recommander aux jeunes Allemands, bien que je prévoie une forte hostilité de leur part. Il m'a fallu surmonter cette même répugnance – mais aujourd'hui il faut prendre la vérité où elle se trouve. Tout comme la lumière, elle n'éclaire pas toujours l'endroit agréable. Enfin, un fil littéraire traverse le labyrinthe de ce journal : il provient d'un désir de reconnaissance intellectuelle et celui-ci peut, aussi, être profitable au lecteur.

3

Rayonnements[1], *c'est là le titre d'un sextuor de journaux intimes, dont le premier a déjà paru au cours des années de guerre, et le dernier longtemps après l'armistice. En voici donc les parties réunies en un tout, une image de la catastrophe qui, telle une vague, s'enfle, déferle et reflue. Elle a frappé chacun d'autre manière, mais nous a tous emportés à la fois. C'est que les livres se clarifient, eux aussi, comme le vin dans les caves, rien que par l'effet du temps et des événements.*

Rayonnements – *ce titre tient tout d'abord compte de l'impression produite sur l'écrivain par le monde et ses objets, le fin réseau de lumière et d'ombres que ce monde crée. Multiples sont les objets, souvent contradictoires, souvent même polarisés, comme* Est *et* Ouest *et comme d'autres grands thèmes de notre monde qui cheminent dans notre être intérieur.*

Il existe aussi des rayonnements clairs et obscurs. Totalement obscurs sont les vastes lieux d'épouvantes qui ont surgi dans ce monde avec la fin de la première guerre mondiale et qui ont pris une extension sinistre. Ce sont eux qui jettent une ombre sur la plus petite de nos joies.

Des rayonnements, nous en recevons aussi par les hommes, nos proches ou les plus éloignés de nous, les amis ou les ennemis. Qui donc connaît les effets d'un

1. *Strahlungen.* C'est sous ce titre que l'ouvrage original a paru en langue allemande.

regard qui nous est jeté à la hâte, ou ceux de la prière qu'un inconnu dit pour nous? L'horoscope représente le concert des rayons à la naissance, semblables aux facettes d'un diamant. Peu de rayonnements sont plus subtils que ceux produits par l'épanouissement de la vie, après la fécondation – l'ouverture de l'individuation. A chaque instant de notre existence, des faisceaux lumineux se tissent autour de nous, ils nous effleurent, nous enveloppent de leurs réseaux, nous transpercent.

Qui connaît, qui peut mesurer leur effet sur notre corps, notre sens, notre esprit – sur l'ordre et l'équilibre que nous devons sans cesse maintenir? Il n'est pas jusqu'à la beauté qui ne soit contradictoire : on s'en aperçoit à la lassitude qu'on éprouve après avoir parcouru les galeries où sont rassemblés des chefs-d'œuvre. Ainsi, nous nous efforçons sans trêve de diriger, d'harmoniser, de sublimer en images ces flots de lumière et ces gerbes de rayons. Vivre n'est rien d'autre.

Au suprême degré, les rayons cosmiques et terrestres s'entrecroisent de telle façon que des signes chargés de sens apparaissent. Ces signes indiquent que la vie de l'homme, la vie du peuple ont réussi. Les fleurs sont les symboles de ces signes, d'où cultura, *d'où leur fonction dans les allégories. C'est ce qui explique, encore, l'aspiration confuse et souvent émouvante du peuple vers les œuvres d'art. Elle est fondée, car si des signes se dévoilent sur une surface large seulement de quelques pouces, d'immenses espaces peuvent s'ouvrir à eux. A ce niveau, même le caractère collectif de la décadence ne doit plus nous angoisser. L'œuvre d'art possède un immense pouvoir d'orientation.*

4

Rayonnements – *l'auteur capte une lumière qui se reflète sur le lecteur. En ce sens, l'écrivain fournit le travail préliminaire. Il lui faut d'abord harmoniser la multitude des images, puis les mettre en valeur, c'est-à-dire leur donner, grâce à une clef secrète, cette lumière qui correspond à leur rang. Ici, la lumière signifie le son et la vie que contiennent les mots. Ce serait alors un cours de métaphysique se transformant en allégories : l'ordonnance des phénomènes visibles d'après leur hiérarchie invisible. C'est bien selon ce principe que devraient être organisées toute œuvre et toute société. En essayant de le réaliser dans un mot, dans une phrase, dans le jeu des images que nous propose la vie quotidienne, nous nous entraînons à suivre les règles d'une discipline supérieure.*

Assurément, l'effet que produit une phrase sans défaut dépasse de loin le plaisir qu'elle nous donne par elle-même. Dans une telle création, il existe, même lorsque le langage vieillit, une répartition de lumière et d'ombre, un équilibre extrêmement délicat qui s'étend à d'autres domaines. Elle porte en soi la force dont l'architecte fait des palais, avec laquelle le juge pèse la moindre nuance de justice ou d'injustice, ou qui permet au malade en pleine crise de retrouver le portail de la vie. Prendre la plume, c'est donc toujours une audace suprême qui exige un examen et une réflexion plus aigus que ceux avec lesquels on mène des régiments au combat. Et s'il existe encore des anneaux magiques dans notre monde, c'est bien là où la volonté de créer surmonte cette résistance.

La tâche de l'écrivain est parmi les plus hautes en ce monde. Quand il transmue le Verbe, les esprits, flairant l'offrande de sang, se rassemblent autour de lui. L'avenir n'est alors pas seulement vu; il est magiquement cité, ou aussi conjuré. Mais dans ces régions de la maîtrise du Verbe, ce sont les degrés inférieurs, encore obscurs, qui sont de nature magique; et Goethe savait bien ce qu'il voulait dire par ces vers :

« Ah! si je pouvais de mon chemin éloigner la magie
« Et oublier jusqu'à la dernière incantation... »

Ils révèlent allusivement l'expérience, et du pouvoir, et des douleurs.

Comme beaucoup de ses vers, ceux-ci contiennent aussi une prière. Toutefois, pour être efficace, la magie devra toujours rester liée au mot. Mais il faut qu'elle soit enracinée dans les profondeurs, sous la crypte. Sur elle s'élève la voûte du langage, vers une liberté nouvelle, qui, tout à la fois, transmue et conserve le Verbe. Il faut que l'amour y contribue : en lui est le secret de la perfection.

Les effets de ces transmutations se reconnaîtraient à l'élargissement de la vie, à l'enrichissement des mots. Pour en rester à l'image du rayonnement, les radiations salutaires devraient se multiplier. La partie du mot qui déclenche le mouvement pur, soit de la volonté, soit des sentiments, devrait s'effacer au profit de l'autre partie, qui dévoile son essence merveilleuse.

5

C'est à ces six journaux que se borne ma participation spirituelle à la deuxième guerre mondiale, si j'excepte une volumineuse correspondance et quelques écrits relativement courts. Parmi ceux-ci, il y a l'essai sur la paix, dont la genèse s'entremêle à la partie des notes consacrées à Paris. Les dates permettront, je l'espère, de rectifier maintes erreurs comme celle qui voudrait voir dans cet appel une conséquence de la défaite. A coup sûr, on peut toujours compter aujourd'hui sur l'explication la moins fatigante et souvent sur la plus hostile. Dans mon œuvre d'écrivain, j'ai toujours nagé à contre-courant et je ne me suis jamais trouvé en accord avec l'une des puissances au pouvoir : il en est de même aujourd'hui. « La Paix » coïncide plutôt avec l'extension la plus vaste du front allemand. Son but était purement personnel; il devait servir à ma formation – c'était, en quelque sorte, un « entraînement à la justice ».

L'approche de la catastrophe me mit alors en rapport avec ces hommes qui se préparaient à l'entreprise terriblement audacieuse d'abattre le colosse avant qu'il n'eût, accompagné d'une suite innombrable, roulé au fond de l'abîme. Non seulement j'envisageais la situation d'une façon différente, mais encore je me sentais d'une autre substance, si j'excepte quelques natures artistes comme Speidel et Stülpnagel[1]*. J'avais surtout*

1. Heinrich von Stülpnagel. A ne confondre sur aucun plan avec le premier gouverneur de Paris.

la conviction que sans un Sylla, toute attaque dirigée contre la démocratie plébiscitaire aurait nécessairement pour conséquence un nouveau renforcement de l'abjection, comme cela fut d'ailleurs le cas et comme c'est toujours le cas.

Mais il y a des situations dans lesquelles on ne doit pas tenir compte des chances de succès; évidemment, on se tient alors en dehors de la politique. Ce fut le cas de ces hommes, et c'est pourquoi, sur le même terrain, ils ont gagné moralement ce qu'ils ont perdu sur le plan historique. Leur sacrifice, ce n'est pas la victoire qui les couronne, c'est la poésie.

Je considérais comme un honneur de les soutenir avec mes moyens, et c'est ainsi que mon essai prit la forme d'un appel à la jeunesse européenne. Cet appel, par la suite, agit sur le petit groupe d'hommes qui attendaient le mot d'ordre. C'est ainsi que Rommel le lut, avant qu'il eût envoyé son ultimatum. La blessure qu'il reçut le 17 juillet 1944 sur la route de Livarot ravit à ce projet le seul homme capable de porter sur ses épaules le terrible balancier de la guerre et de la guerre civile – le seul qui possédât assez de naïveté pour répliquer à l'effarante simplicité de ceux qu'il fallait attaquer. Ce fut un présage très significatif. Ces journées m'en apprirent plus que la lecture de bibliothèques d'histoire, et même que la lecture du « Coriolan » de Shakespeare dans lequel je me réfugiais souvent. Ces pages ne feront que peu d'allusions à tout cela, car ce livre n'a pas un but politique, mais un but pédagogique, et même autodidactique, au sens supérieur du mot : l'écrivain fait participer le lecteur à son développement. Je dois dire encore, qu'à cette époque, le kaléidoscope politico-historique me fatiguait déjà et que je n'attendais aucune amélioration de son revirement. Ce n'est pas dans les systèmes, mais dans l'homme que doit germer le nouveau fruit.

En ce sens, lorsque toute résistance cessa en Allemagne, l'essai sur la Paix *était déjà, pour moi, devenu historique. Je le dédiai à mon fils Ernstel qui, entretemps, avait été relâché de prison, puis était tombé en volontaire à Carrare. Sa mort, pour moi, fut liée à l'amertume que me donnait mon œuvre d'écrivain. J'avais bien prévu que nous descendrions dans des couches où nul mérite ne subsiste plus, et où la douleur conserve seule son poids. Mais elle nous élève vers d'autres régions, dans la patrie véritable. Et nul ne pourra nous reprocher d'avoir accompli notre tâche dans une situation désespérée, sur des positions perdues d'avance.*

Depuis, des copies de la Paix *circulent dans maints pays. Les balles et les livres ont leur destin propre. Il peut sembler paradoxal qu'un guerrier parle de paix. On peut répondre à cela que sa signature donne seule du crédit à sa parole. Ce n'était point par hasard que les Anciens, à la signature des traités de paix, convoquaient les dieux nationaux de la guerre, représentés par leurs grands prêtres.*

Quoi qu'il en soit, d'ailleurs, du destin de ce petit essai, je l'aurai accompagné de tous mes vœux. A cette époque, notre situation était semblable à celle des sept marins perdus dans l'océan Glacial; et l'homme, dans une telle disposition d'esprit, n'a que trop tendance à se réfugier dans la haine. Elle ne fut jamais mon domaine, mais il est possible que mon regard soit toujours fixé sur l'une de ces étoiles que, dans la vie, nous n'atteignons jamais. Cela me rendrait cet écrit encore plus cher, car un écrivain, c'est un père, et notre tendresse va surtout à ces enfants qui n'ont aucune chance de réussite.

6

Le premier de ces six journaux, Jardins et Routes, *décrit l'avance allemande à travers la France; il y fut connu peu de temps après. En ce temps-là, j'aimais à composer un certain genre d'images à double sens pour faire comprendre la situation à certains hommes – ou à ceux qui voulaient le rester; parmi ces images, il y avait la citation du 73e Psaume. Il fallut un an pour que cette arabesque fût connue de tous; le ministre de l'Education populaire fit alors dépendre une réédition de la suppression de ces passages. Comme je refusais, on mit* Jardins et Routes *à l'index – et il y est longtemps resté. Dans l'Etat moderne, les autorités successives modifient peut-être les arguments de la violence, mais pas ses méthodes. Les chasseurs se succèdent, mais la chasse à courre demeure.*

Au cours de maintes rencontres, j'appris que cette première partie, publiée sous le titre de Jardins et Routes, *avait vite trouvé des amis, également en France. La belle idée de l'amitié entre nos deux peuples a perdu de son prestige, mais bien des choses dépendent pourtant de sa renaissance. Qu'elle ait été irréalisable pendant la guerre, cela fait partie de la tragédie de ces amis, appartenant aux deux pays, et que j'ai vus tomber pour elle.*

L'unique moyen, une fois commencée la guerre, d'éviter la catastrophe, c'était de conclure sans tarder la paix avec la France, comme Bismarck le fit avec l'Autriche. Le démon des masses opta pour des triomphes éphémères et pour l'assouvissement de la haine. Mais, dans le fond, ne valait-il pas mieux que le conflit se liquidât jusque dans ses racines mêmes? Il s'agissait, finalement, de savoir si, au XXe *siècle, l'Etat national avait ou non une chance d'avenir. Comme on pouvait le prévoir, la question a été résolue en faveur des empires. Sous cet angle, l'Allemagne a perdu la guerre en compagnie de tous les Etats nationaux, exactement comme elle a perdu la première guerre mondiale en compagnie de toutes les monarchies. Tenant compte de tout cela, je considérais, autrefois, qu'il était sensé nous rapprocher de la Russie, tandis qu'aujourd'hui des relations complémentaires existent non seulement avec la France, mais encore avec tous les Etats européens.*

On peut prévoir que l'Allemagne serait la première à supporter les conséquences les plus lourdes de toute aggravation de la tension entre l'Est et l'Ouest. Et cette tension ne diminuera pas si les deux formidables puissances, dont Tocqueville avait déjà si clairement prévu l'apparition, continuent à se renforcer et à attirer, comme des pôles, les puissances situées sur le champ intermédiaire. Au cours d'un tel processus, l'Allemagne serait coupée en deux, en une partie atlantique et une partie continentale, de même que, pendant la guerre de Trente Ans, elle fut divisée en une partie septentrionale et une partie méridionale. Voilà justement la raison pour laquelle notre devoir est de contribuer à une solution pacifique et, dans l'état actuel des choses, notre contribution ne peut être que spirituelle.

7

Rayonnements. – *En ce qui concerne la forme, l'auteur est aussi bien partisan de la théorie ondulatoire que de la théorie corpusculaire. C'est-à-dire que les pensées aussi bien que les images doivent agir – mais, certes, d'une façon voilée : dans le langage, les figures logiques se fondent avec les idéogrammes du style imagé.*

Nous croyons que, dans la création d'un nouveau style, se cache l'unique et sublime possibilité de rendre la vie supportable. On ne peut découvrir ce style qu'en allant de l'avant. Les derniers rameaux desséchés du romantisme sont rongés par les flammes. De même, le singulier vide du classicisme est partout manifeste. Le monde du musée est sur la voie qui mène au monde de la fournaise. La doctrine conservatrice, que ce soit dans l'art, la politique ou la religion, tire des traites sur des richesses qui n'existent plus. Tel Huysmans, devenu Père de l'Eglise pour ces foules de croyants que la panique pousse aujourd'hui vers les autels.

Face à cela, le réalisme promet moins, mais il tient mieux ses promesses. Il n'accorde aucune valeur aux spéculations qui ne sont pas en règle avec la logique, pas plus qu'à des traites sur des fonds invisibles. Mais quoi ? Aurions-nous épuisé les secrets du monde visible ? Le positivisme et le naturalisme n'en ont pourtant dévoilé que de maigres tranches, quelques reliefs superficiels. C'est là qu'on peut commencer. Le visible contient tous les signes qui mènent au plan invisible. Et l'existence de celui-ci doit pouvoir être démontrée dans le modèle visible. C'est à quoi tendent les travaux qui font fusionner le langage hiéroglyphique avec celui de la raison. L'œuvre littéraire crée ainsi les stèles que l'esprit apporte en offrande devant le temple encore invisible. Alors, les regards se tournent vers le christianisme. Mais on s'aperçoit que les esprits n'y sont même pas arrivés encore au niveau de la science du XIXe *siècle et de ses théories analytiques – alors qu'il s'agit de former celle du* XXe. *Tout cela changera, et déjà des combats ont lieu, qui font surgir devant les puissances de destruction des adversaires d'une nouvelle espèce.*

8

Un mot encore sur les délimitations qui existent entre le domaine de la vie privée et celui de l'écrivain. Certaines de ces frontières seront toujours contestées. C'est pour cette raison que les manuscrits ont plus de poids que les textes imprimés. L'exactitude ne réside pas dans les détails. C'est aussi une question de goût. Ainsi, dans Ulysse, *Joyce considère comme important de noter toutes les circonstances de l'utilisation d'un cabinet d'aisances.*

Pour un certain nombre de passages, je sais – car je connais la critique d'aujourd'hui – que je prêterai le flanc à des attaques. C'est le cas, en particulier, pour les choses horribles que je rapporte; et il n'aurait pas été difficile de décanter le texte par des retouches. Pourtant, je n'ai pas songé à les supprimer, car je veux donner au lecteur une idée du tout. De nos jours, le dialogue n'est plus possible qu'entre des hommes qui possèdent cette idée d'ensemble, et peu importe alors qu'ils soient placés à l'opposé les uns des autres.

La tenue d'un journal, c'est-à-dire la mise en ordre des événements et des pensées qui affluent, fait partie de la tâche que s'est assignée l'écrivain. C'est aussi une consolation solitaire dont il éprouve le besoin. A un moment où le technicien gère l'Etat et le modèle à son idée, non seulement sont menacées de suppression les digressions artistiques et métaphysiques, mais encore la simple joie de vivre. Le temps est déjà bien dépassé où retentissait le cri : « La propriété, c'est le vol. » Maintenant, on considère comme un luxe ce caractère propre à l'individu, qu'Héraclite appelait le démon de l'homme. Notre lutte pour le défendre, notre volonté de le conserver est l'un des thèmes les plus grands et les plus tragiques de notre temps.

Ce thème, je m'en servirai aussi, après maintes explorations dans les zones brûlantes ou glaciales du monde du travail. Le recul que l'écrivain a pu prendre aujourd'hui sur son œuvre lui permet d'agir dans des régions ou des profondeurs situées à grande distance les unes des autres, aussi dissemblables parfois que des images positives ou négatives. Et c'est pourtant de leur alternance que naît la réalité. Le monde qui se lève ne sera pas un décalque de raisons et de principes formés sur un modèle uniforme – il sera fait de contrastes, comme toute création. Et parmi les gran-

des lignes de partage, celle entre libre arbitre et déterminisme est essentielle. Dans son esprit, dans notre cœur existent les arènes dans lesquelles, sous les travestissements du jour, s'affrontent la liberté et le destin.

E. J.

Kirchhorst, 3 avril 1939.

Travaillé pour la première fois dans la nouvelle maison. *La Reine des serpents,* – peut-être trouverai-je un titre meilleur, de peur que l'on ne nous tienne pour des Ophites. Il me semble, lorsque je relis cet écrit en pensée, qu'il ne produit pas sur moi son plein effet. Il arrive qu'une phrase brève me paraisse inachevée, bien que je sache que la concision a souvent une force efficace. La phrase, telle que l'écrit l'auteur, se distingue de la phrase telle que son lecteur la lit. Lorsque je rencontre des notes ou des lettres dont je ne sais plus que ma plume les avait tracées, la prose m'en paraît meilleure, plus vigoureuse.

Après-midi au jardin. La terre y est facile à bêcher, pareille à un sable de lande foncé que strieraient des éclaboussures d'humus. Encore accoutumé au sol coriace des vignes d'Uberlingen, j'ai plaisir à la sentir aussi fluide couler de ma pelle.

Kirchhorst, 4 avril 1939.

Mal travaillé, ce que la façon dont j'ai rêvé et dormi laissait assez prévoir. Quoique tous les jours ne soient pas jours de prise, tous sont pour moi occasions de chasse, c'est-à-dire que je passe la matinée à former et à rejeter des phrases comme un potier modèle et casse ses poteries. Je ne tarde pas à me rendre compte que mieux vaudrait aller me promener. Si je m'obstine néanmoins, c'est que je suis tenté de prêter à cet effort une signification secrète. Il est rare qu'on agisse en vain.

Bêché l'après-midi des plates-bandes, semé radis et cerfeuil. Lu : Thornton Wilder, *Le Pont de San Luis Rey*. L'auteur, énumérant quelque part les caractères du véritable aventurier, cite entre autres le don d'engager la conversation avec des inconnus. C'est peut-être en effet un trait essentiel. Lorsque nous passons nos relations en revue, nous en trouvons fort peu dont nous n'ayons fait la connaissance par le truchement d'un tiers. Quant aux hommes que nous avons connus directement, nous les avons presque toujours rencontrés en dehors des circonstances ordinaires : en voyage, à l'occasion d'une fête ou d'un accident. Dans le domaine de l'amour aussi, la façon directe d'aborder ou d'inviter à la danse est décisive. C'est un geste aventureux que celui d'un homme qui, dans une pièce sombre – au théâtre par exemple, – étend la main vers une femme inconnue. Geste plus fréquent qu'on ne le croit communément. Edmond par exemple était expert en la matière et me fit un jour tout un exposé sur sa tactique. Cela me fait penser que lui aussi, je l'ai rencontré sans intermédiaire : il m'adressa la parole dans le métro. Dans la plupart des milieux, nous ne pénétrons que par introduction, ainsi qu'il sied à des êtres vivant en société. L'aventurier, qui est insociable, fait fond sur son talent personnel. La qualité d'auteur peut être, elle aussi, considérée comme une aventure spirituelle, ce qui n'est pas sans rapport avec le fait que tout auteur a un certain nombre d'amis qu'il s'est attachés par interpellation directe.

Il semble que la rencontre directe soit regardée comme une façon plus noble de nouer connaissance. C'est ainsi que les amants trouvent merveilleux le hasard qui les a réunis. Dans les romans aussi, un événement qui met deux étrangers en présence sert fréquemment d'entrée en matière.

Kirchhorst, 5 avril 1939.

La Reine des serpents : les notes que j'ai prises aujourd'hui sur les Mauritaniens ne me satisfont guère; cet ordre existe dans ma pensée plus nettement que dans l'écrit. Il s'agit de montrer que dans la décadence, où se concentre tant de matière obscure, le rationalisme est le principe le plus décisif. Ensuite, lorsque des clans se forment autour d'une doctrine de technicité amorale, des forces autochtones sont attirées par leur malignité pour ressusciter avec leur aide l'ancien pouvoir dont la nostalgie vit toujours au fond de leur cœur. C'est ainsi que l'ancien empire des tsars continue à transparaître en Russie. Il en va de même du Grand Forestier; le nihilisme trouve son maître en de telles figures. D'ailleurs, dans les rapports entre Piotr Stepanovitch et Stavroguine, la situation est inversée : le technicien essaie de s'allier à l'autochtone, conscient qu'il est de l'illégitimité de sa force.

Quoique le mieux soit de s'abandonner entièrement à sa fantaisie productrice dans la peinture de tels projets, il n'est pas mauvais de les composer en profondeur. Eviter toutefois que le récit prenne un caractère purement allégorique. Il faut qu'il puisse vivre de sa propre substance, sans lien temporel, et il est bon qu'il reste des passages obscurs, que l'auteur lui-même ne saurait expliquer. J'ai remarqué que justement ces passages-là sont les germes d'une fécondité ultérieure. C'est ainsi que le caractère du Grand Forestier m'était inconnu lorsque je rêvai de lui, durant une nuit de tempête dans le Harz; néanmoins je me rends compte à présent que les traits que je notai en ce temps-là sont pleins de sens, même dans leur cadre élargi.

L'après-midi dans le Marais. Tout près d'un étroit chenal, un couple de canards prit son vol, décrivant un cercle autour de moi. Le mâle dans sa robe d'apparat, avec sa boucle au croupion qui lui donne l'aspect d'un hardi gaillard, et le chatoiement de son col soyeux, d'un vert métallique. Beaux surtout, les endroits où cette couleur se dégrade, miroitante, en un noir opulent et tendre; ce noir est un vert à grande puissance. Je me le représente comme une encre en poudre qui, diluée, produirait de grandes quantités d'une admirable teinture verte.

Ensuite au jardin. Semé petits pois, salade, bettes,

oignons, navets. Comme les petits pois brillaient, rangées d'un vert gris et mat, dans les sillons plus sombres! En pensant à les voir que j'allais les recouvrir de terre, je réalisai soudain combien ce travail sur des plates-bandes est étrange, voire presque magique.

Lorsqu'on fouille dans la terre, celle-ci transforme les mains, les dessèche, les ronge, et, dirait-on, les spiritualise. La main subit dans la terre une purification. Mouvoir ses doigts dans un terreau lâche et tendre, que le soleil et la germination ont réchauffé, est une sensation fort agréable.

Dans le courrier, une lettre d'Elisabeth Brock, de Zurich, qui m'écrit avoir reçu d'une de ses élèves sur le sujet : « Description exacte d'un objet », une description d'un homard cuit qui m'eût enchanté. Je conviens que l'idée me paraît heureuse; c'est une sorte de pièce de parade et d'apparat.

Kirchhorst, 7 avril 1939.

En travaillant, je me suis aperçu que je m'applique peut-être trop soigneusement à élider les *e* muets. Il est vrai que la phrase est différente selon qu'on y lit : « erfreu*e*n » ou « erfreun ». Mais je crois que le lecteur, comme moi-même, lit ou escamote l'*e* muet, selon les cas. A toute prose de qualité le lecteur collabore de lui-même. La prudence me paraît s'imposer surtout là où l'élision de cette voyelle risque de prêter au mot un aspect extraordinaire ou quasi poétique. Cela est vrai aussi des inversions de mots à l'intérieur d'une phrase, pour des raisons d'équilibre : ici encore la poésie peut revendiquer une liberté plus grande que la prose. L'effort fait pour imprimer un rythme à la prose ne doit pas laisser de traces; et ce travail est d'autant plus méritoire qu'il sera moins perceptible. Cela est conforme à une loi générale qui veut que la main qui ordonne efface finalement les marques visibles de son action.

Je devrais encore éviter, me semble-t-il, l'usage trop fréquent du pronom « ce ». « Ses yeux brillaient de *cet* éclat que prête l'usage de la belladone. » L'effet particulier de ce pronom tient à ce qu'il fait appel au consentement ou au savoir du lecteur. Lorsqu'on énonce une remarque exceptionnelle ou un fait rare, l'effet peut être sensible. Mais comme pour toute sollicitation, le principe doit être de s'en montrer ménager.

Ce matin, dans la petite église dont le cimetière borne mon jardin. Elle est fort belle. Sermon de Vendredi saint sur le Christ et les deux larrons crucifiés. Le ton sacré recouvre le prêche comme un vernis mince et friable. Chez les protestants, c'est encore plus apparent que dans le Sud, où l'on n'a pas la foi pour seule ressource. En Norvège, j'avais l'impression d'assister à des représentations où l'on se hissait le long de cordes imaginaires.

Après-midi, visite à mon nouveau voisin; café et brioche, le tour du propriétaire. Ensuite rangé la bibliothèque avec Perpétua et Louise; malheureusement, le déménagement a été néfaste aux livres. Seules les bonnes reliures anciennes en parchemin résistent aux siècles.

Kirchhorst, 8 avril 1939.

Encore à la bibliothèque. J'ai également rangé là-haut mes manuels. Bêché au jardin, en un endroit où la terre s'émiette, claire et rougeâtre, et où elle brille sous l'entaille comme du cuivre.

L'*attagenus* – d'ordinaire mon messager de printemps – s'est montré assez tard cette année et a exploré mes papiers. Ce petit coquin est de la grosseur d'un grain de riz, porte deux gracieuses antennes claviformes et deux taches couleur de craie sur le dos de sa carapace noire. Par-ci par-là, des traînées blanches sont répandues sur sa petite robe sombre. Il vit dans les rainures des fenêtres et des parquets; la chaleur de la chambre, comme un châssis de couche, hâte sa venue. Mais chaque fois que la bestiole volette dans le cercle lumineux de la lampe, puis traverse une page de manuscrit ainsi qu'un champ, c'est pour moi comme un revoir. Et tandis que je le regarde, la chambre me paraît plus grande et plus animée.

Kirchhorst, 9 avril 1939.

Dans les champs dont de petits bois coupent çà et là l'étendue. Le long des chemins, les bouleaux n'ont pas encore de feuilles. Au bord des fossés, des chatons en fleurs, poudrés d'un pollen d'abeilles et de moucherons jaunes. De gros paquets de frai de grenouilles qui sont enfouis dans les herbes aquatiques comme du pouding au sagou, avec un noyau noir, déjà fort développé. Et de toutes parts, montant des profondeurs, le glas vitreux du crapaud. Le printemps a aussi un aspect amphibien : magie fraîche et tendre, avec des jeux amoureux dans la glace fondante.

Les grenouilles – par exemple lorsqu'elles semblent se dresser dans l'eau sur leurs pattes de derrière tendues – m'ont toujours frappé par leur air de ressemblance avec l'homme, laquelle se perd pourtant chez des espèces vertébrées beaucoup plus évoluées. On dirait un premier élan de la nature vers l'espèce humaine, tentative qui se renouvelle par la suite d'une façon de plus en plus impérieuse. A cela tient sans doute le fait que la grenouille, tout comme le singe, nous apparaît sous un jour comique. En couvrant sa femelle, le mâle l'enlace des bras, à la façon de l'homme.

L'homme, de son côté, a des traits des amphibies. Je le remarque surtout lorsque, la tête inclinée en arrière, il présente au regard le menton et la gorge. C'est ainsi qu'il reste sur nous les endroits où la nature a taillé trop rapidement pour nous les vêtements animaux.

Je me rappelle qu'enfant, j'éprouvais toujours une grande joie à la vue des grenouilles. Un midi, revenant de l'école préparatoire, je vis de grandes grenouilles, bigarrées vert et noir, que l'on exposait derrière les glaces d'un aquarium. J'étais étonné que l'on pût acheter des créatures aussi splendides et j'entrai dans la boutique, un peu intimidé, mais plein du violent désir de m'approprier une de ces gaillardes. Malheureusement mon grand-père survint et me tira hors de la boutique. Ce jour-là, j'ai dû éprouver un sentiment proche de celui que devait procurer la possession d'un esclave – je veux parler de la jouissance très ancienne que l'on a dû éprouver à l'époque préromaine, voire avant Alexandre. « Cet homme m'appartient, il est ma propriété, mon bien assuré et intégral; j'aime à jouer avec lui. » Je pense que ce sentiment doit correspondre à l'un des rapports les plus profonds qui soient possibles. Mais d'autre part : « Je suis ton esclave. » Peut-on imaginer ces mots, prononcés sur un ton qu'aucun de nos historiens n'a encore rendu? Tout cela fait partie de l'enfance de notre espèce, du ténébreux et merveilleux empire de féerie qu'Hérodote a encore vu de ses propres yeux. C'est là ce qui met ses livres à leur rang incomparable.

En relisant ces notes, je remarque que, plus haut, dans la troisième phrase, il m'est échappé un « chaton en fleur » qui me déplaît. Impression sans doute justifiée, car l'expression cache un pléonasme que je laisse à titre de leçon. Mais louable est la façon dont il est devenu évident : en premier lieu par une impression de malaise esthétique à priori, qui a trouvé ensuite sa justification logique.

Kirchhorst, 10 avril.

Reine des serpents. Dans la description des *Falaises de marbre,* attention : ne pas en faire un tableau somptueux, par exemple dans le goût de l'Isola bella du *Titan.* L'auteur cherche à communiquer une impression de beauté en grisant le lecteur de mots. Mais le plus puissant effet du beau n'est pas dans l'extase; il nous captive par un charme magique. Il peut ainsi éveiller en nous une joie plus profonde que l'ivresse qui entraîne en définitive vers le vide et ne peut faire face aux figures. Au contraire, sous le charme magique, qui nous dilate les yeux, au lieu de les clore, nous recevons l'impression la plus profonde qu'admette la conscience. A la vue du beau, l'observation doit se faire plus intense; il est un état où le temps commence à s'écouler plus lentement, où les couleurs prennent un éclat plus fort, comme dans l'espace vide. La peinture du beau suppose la mesure, l'éloignement et un regard aigu : le seul balbutiement ne sert de rien. C'est pourquoi des mots comme « indescriptible » ne sont pas à leur place dans une description. De même, la débauche de superlatifs n'est qu'un signe d'impuissance. Naturellement, il y a toujours des degrés où la forme ne peut résister à la plénitude ou à l'ardeur, et où elle éclate; ce sont des domaines qui échappent au verbe. Là, les moyens eux-mêmes doivent changer. C'est ainsi que les mélodies pures vont le plus loin et portent des poids plus légers.

Il me semble que dans le fameux tableau de « l'enchantement de l'amour », l'essence du charme est bien exprimée, d'autant qu'il communique aussi cette impression d'effroi qui nous saisit aux instants de révélation.

Modèles des *Falaises de marbre :* la pente rocheuse près du phare de Mondello, dont je faisais l'escalade avec le magister. Puis la route de Corfou à Canoni, la vallée de Rodino, à Rhodes, la vue du couvent de Suttomonte, vers Corcula, le chemin de terre qui va de la Gletschermühle à Sipplingen, près du lac de Constance. Les nids de faucons et de hiboux dans les parois rocheuses de la percée de Corinthe. L'Acropole, la façon dont les rochers surgissent de terre à Rio, faisant penser à des serpents ou à des orchidées. L'écrivain a besoin de beaucoup voyager pour connaître les ressources de la terre. Mais il faut ensuite que les images se fondent et se liquéfient comme un miel extrait de fleurs innombrables. Seuls les *éléments* du souvenir sont un aliment pour l'esprit.

Après-midi, par un bon soleil, au Marais, puis de là vers les étangs, où j'ai chassé de petites variétés d'hydrophiles. Tandis que j'étais occupé à cette chasse, une grande araignée d'eau glissa hors des jonchaies sur le sombre miroir de la tourbière au bord de laquelle j'étais accroupi – d'un brun velouté profond, avec un corps cerné de feutre blanc. Par ces jours de printemps, les pousses de bouleaux scintillent et les tiges des bruyères à l'entour, sous le dur éclairage, comme lavées de frais. Ce qui surprend, c'est sans doute le contraste entre une végétation encore hivernale et la lumière qui est presque une lumière d'été.

Kirchhorst, 11 avril 1939.

Semé poireaux, épinards, raifort. J'ai aussi vu germer les pois – à mon soulagement, car c'est chez moi presque une idée fixe que rien ne poussera. Je dois dire à ma décharge que toutes nos activités présentes contredisent un pareil accroissement qui se réalise dans le courant de la nuit, sans que nous y soyons pour rien. Il nous manque surtout une vertu, que l'on pourrait appeler l'art de recevoir. En cela il faut rester enfant, et le bonheur se présente de lui-même. Il me semble même avoir observé que l'argent – je ne parle pas de l'argent abstrait, mais de l'argent concret, par exemple les héritages, les cadeaux, les gains – vont toujours à des bénéficiaires bien déterminés. C'est moins étrange qu'il ne semble, car tout donateur préférera ceux qui savent recevoir des dons. C'est pourquoi nous faisons tous des cadeaux aux enfants.

Ce sentiment intervient dans le partage des successions et c'est la cause secrète des querelles qui en découlent. Les parents désirent que leurs enfants deviennent vaillants, mais leur amour va quand même à ceux qui sont le plus enfants. C'est pourquoi ils ont tendance à réserver la meilleure part au cadet et sèment ainsi les disputes. C'est ainsi que le plus entreprenant, comme l'était Caïn, est offensé.

Kirchhorst, 12 avril 1939.

Rêve. J'entendais raconter en style de chronique, ou j'avais le sentiment qu'on ouvrait devant moi la page de titre d'une ancienne chronique : « Le supplice de la boisson. » La femme emporte sur son dos l'homme, gravement touché, elle sort de la foule que l'événement a attirée. Malheureusement, une discussion insignifiante éclate avec un des gardes et le supplice, cette fois mortel, est renouvelé. La froide mécanique de la violence où l'homme est pris comme dans un engrenage; il s'échappe, mais est repris et meurt. La scène se déroulait sur une place de marché : toutes les maisons, les vêtements, les visages étaient dans le style de l'époque; seul, le breuvage était administré par une bouche à incendie moderne, à tuyau de cuivre comme on en voit dans nos rues.

Significatif aussi, le réveil. Je sortis de la profondeur du sommeil comme à travers un tourbillon, et j'entendis à la surface, bien avant d'émerger, la sirène d'une auto qui passait sur la grand-route. Ce son, je le reconnus et je l'intégrai déjà au fond du sommeil, quoique du dehors, comme quelqu'un qui vit dans d'autres mondes, mais sans être complètement étranger à celui-ci. A l'instant où je regagnai la surface, la conscience s'enclencha comme un ressort et le rapport de cause à effet fut rétabli.

Kirchhorst, 13 avril 1939.

Promenade à Burgdorf, un de ces vieux coins de Basse-Saxe qui sont comme desséchés par de longs enfumages. Acheté chez le jardinier des cœurs de Marie que j'aime beaucoup. Pour bien me faire entendre qu'il convient de les arroser abondamment, il me dit qu'il fallait les « abreuver ». Les artisans s'expriment presque toujours mieux que les gens cultivés, que l'on a trop souvent le sentiment de voir manier les mots comme des jetons. C'est ainsi que j'ai reçu récemment d'un inconnu un poème qui célébrait les « sons profonds de la cloche de scaphandrier », ce qui est un bon exemple d'une image née du vide de la pensée.

Au bord du chemin une jeune sorcière à cheveux roux. Il en existe un type clair et un type foncé, mais il est frappant de voir à quel point le démon du feu est vivant en l'un comme en l'autre. On pourrait croire qu'un caractère intime, que l'horoscope eût peut-être décelé, la rapprochait naturellement du bûcher. L'envoûtement du bétail s'est lui aussi modernisé; je lisais récemment que l'on avait condamné une vieille qui avait jeté dans des étables de la paille souillée du virus de la fièvre aphteuse.

Kirchhorst, 14 avril 1939.

Pour la première fois, je me suis mis au microscope, dans ce nouveau logis. Lorsque je brisai, au jardin, une grande branche de hêtre toute transpercée de gros trous, il resta sur la souche une bestiole noire, voilée d'une poussière de vert métallique et velue : *xestobium plumbeum.* Dans ma collection je ne trouvai que sa variété à élytres bruns que j'avais récoltée dans mon filet, dans la forêt de Harli, parmi les herbes qui poussent sous de vieux hêtres. La prise de ces animaux qui vivent à l'intérieur du bois exige une adresse particulière.

Kirchhorst, 16 avril 1939.

Reine des serpents. J'ai envie de donner au Capriccio un nouveau titre, qui sera : *Sur les Falaises de marbre.* Peut-être exprime-t-il encore mieux l'accord de beauté, de grandeur et de péril que je pressens.

Regardant par la fenêtre tout en poursuivant ce travail, je vis sur la route un canon après l'autre se hâter vers l'Est, comme il arrivait pendant la guerre, aux approches d'une grande bataille. Ces dernières semaines, les Allemands occupaient la Bohême, la Moravie, Memel, et les Italiens entraient en Albanie. Tous les signes laissent prévoir une guerre prochaine; je fais donc bien d'envisager une suspension forcée de mon travail. Cela, en un moment où je sens les choses s'éclaircir quelque peu et où la valeur de mon temps s'est beaucoup accrue. En tout cas la plume devra chômer, sauf en ce qui concerne mon journal. Les yeux auront leur tour, car les spectacles ne manqueront pas.

Kirchhorst, 18 avril 1939.

Creusé plus profondément les chemins du jardin. Les vers que la bêche, en raclant la terre, coupe en morceaux et qui se tordent en oscillant. La douleur nous touche par de telle images, brièvement, comme de la pointe d'un cautère. On comprend que l'on représente la douleur par le ver et que l'homme, dans la mesure où il souffre sans défense, peut lui être comparé. Il y a d'abord cette situation, à ras du sol, image de la bassesse, sans qu'il dispose comme le serpent de la rapidité, de sa cuirasse et de ses armes. Et puis il y a cette peau nue, sans poil ni protection, l'aveuglement et surtout cette torsion par quoi le corps tout entier devient le miroir de la sensation.

Chaque fois qu'on voit le ver se tordre, la répugnance se mêle à la pitié, comme à l'endroit du porc auquel l'apparente sa manière de souffrir. Je suppose que tous deux paient ainsi leur existence insoucieuse : le ver vit dans la terre grasse comme dans un pays de cocagne, et le porc s'est laissé dégrader au rang d'adipeux vorace, ce qui supposait, sinon ce consentement, du moins certaines dispositions. Il y a en revanche des animaux que l'on voit souffrir fort noblement.

Chez d'autres vers qui vivent de brigandage, comme les errants et surtout les sagittés, on trouve des variétés d'une grande beauté que j'ai souvent admirées au bord de la mer. Par là, on peut se rendre compte que le mode de vie anoblit, et non la parenté du sang. L'espèce des vers est très mystérieuse et devrait être expliquée par quelqu'un dont les yeux sauraient déchiffrer le langage des images. Bien des choses dorment ici qui sont sexe en nous.

Ceci encore sur la bassesse de la souffrance : certains hommes bien déterminés ne sont-ils pas dévolus aux plus rudes tortures? C'est-à-dire que les atrocités atteignent de préférence certains types qui ont un rapport particulier avec la substance grossière et physique de la douleur? De même qu'il y a des femmes qui excitent ouvertement à la volupté, il est un comportement par quoi l'être brutal est incité à l'acte de violence. On rencontrera souvent cette sorte de peur et de douleur chez les personnes toutes possédées par un besoin d'aises confortables et opulentes. Par exemple ceux-là sont en grand danger que le peuple surnomme des sangsues, et les filles de joie attirent les bouchers. La peur toute nue appelle toujours le terrible. Ainsi celui qui fuit excite à la poursuite; et de même l'homme qui médite le mal guette sa victime – la dernière barrière tombera lorsqu'il aura distingué en elle les signes de la peur. C'est pourquoi il importe, en cas de rencontres suspectes – par exemple si l'on vous aborde en forêt –, de garder son assurance. En notre qualité d'hommes, nous disposons de sceaux de notre grandeur qui sont difficiles à briser, tant que nous ne les dégradons par nous-mêmes, et il n'est pas jusqu'aux animaux qui n'en éprouvent le pouvoir. Il suffit de savoir comme Marius que l'on est invulnérable.

Kirchhorst, le 21 avril 1939.

Le petit bois derrière notre maison se nomme la *Fillekuhle.* Sans doute y enterrait-on autrefois le bétail mort, car *fillen* est un mot ancien, tombé en désuétude, qui signifie : écorcher. Peut-être ce mot pourra-t-il me servir, dans *les Falaises de marbre,* pour la description de la cabane de l'équarrisseur. D'ailleurs, il flotte ici – quoique l'on n'y ait plus depuis longtemps rien enterré – un relent de mauvais lieu. La maison, l'image du foyer de l'homme appelle presque toujours un tel endroit, d'ordinaire à la limite de notre vue.

Achevé les *Lettres* d'Erasme, un cadeau de l'astrologue Lindemann. Nombre d'entre elles, surtout les lettres de jeunesse, sont imprégnées d'une essence cicéronienne qui me gêne toujours dans les lettres. Le feu de la rhétorique ne réussit pas à réchauffer et le vain goût de la langue détruit cet élément communicatif qui doit toujours former le noyau de la lettre. C'est pour le destinataire un sentiment désagréable de remarquer que l'auteur s'exerce sur lui à des passes d'escrime. Mais, plus loin, se détachent de très belles descriptions, comme les pages sur Thomas Morus, qui célèbrent, à propos de son ménage, une sorte de prédestination au bonheur dont quiconque vivait auprès de lui recueillait le bienfait. Sa rencontre avec Luther manifeste la différence entre les esprits qui vivent au sein de l'ordre et ceux qui vivent en dehors de la norme. Erasme lui-même a fort bien énoncé cela, quelque part, dans une lettre à Césarius : « Je suis allé jusqu'au bout, en quelque sorte jusqu'au bord de la mer. Me montrerai-je infidèle à moi-même en ne voulant pas descendre dans les flots? » L'accès aux éléments lui est donc interdit. Ici apparaît encore la différence entre deux esprits, dont l'un est en dernier ressort critique et dont l'autre ne connaît ni hésitation ni doute. A la vue de ces deux lutteurs, on comprend que le passage où Nietzsche regrette que l'Eglise n'ait pas réussi à se sublimer d'elle-même est une erreur. Le système historique doit parfois, pour subsister, fondre au feu ainsi que le cosmos. De même, j'ai parfois souhaité que la dynastie des rois de France se fût continuée jusqu'à nos jours; s'il en avait été ainsi, nous vivrions dans un rococo très subtil et nous aurions, en guise de technique, une chinoiserie perfectionnée. Mais le génie de l'univers ne souffle le travail de filigrane que là où il hésite – et il est bien vrai que nous ne devons les choses les plus subtiles qu'à ses instants d'oubli.

Les excellentes leçons qu'Erasme adresse à Luther sont de telle sorte que l'homme d'action doit les mépriser. Mais lorsqu'on vit dans les papiers, on a aussi besoin de l'esprit du renard pour se maintenir en une telle époque. Ce caractère d'Erasme ressort également du dessin de Dürer, et de façon plus frappante encore de la médaille de Metsys, où l'on voit que cette rouerie s'allie à la force, car les traits d'un haut pouvoir spirituel y apparaissent indéniablement. A la lumière de cet esprit, l'Europe était plus petite et ses capitales étaient plus rapprochées l'une de l'autre qu'elles ne le sont aujourd'hui où on peut la survoler en quelques heures.

Kirchhorst, 22 avril 1939.

Dans le courrier, une lettre d'un M. Reynier, de Paris : « Donner tout Stendhal pour une seule poésie de Hölderlin. Donneriez-vous une bouteille de chambertin pour un civet de lièvre? On a besoin de Stendhal comme on a besoin de Hölderlin. Dans l'ordre des nourritures il n'y a pas plus de hiérarchie que dans une vue que le regard découvre d'une montagne. »

Ce passage de la lettre, parmi d'autres notes sur *Le Cœur aventureux,* dont je vois qu'il a lu la première version. Cette remarque concerne la comparaison entre Stendhal et Hölderlin que j'ai faite dans ce livre et elle souligne justement l'erreur que représente cette confrontation de valeurs. Tant que la volonté est très vivante en nous, nous sommes tentés d'engager ainsi les grandeurs les unes contre les autres; ce jugement atteste encore l'état d'esprit que laisse une guerre perdue. Aussi ne l'ai-je pas maintenu dans la seconde version de ce livre, parue voici un an environ.

Ce passage est pourtant de ceux qui, en ce temps-là, avaient surtout plu dans l'ouvrage; on le tenait pour un bon coup de fleuret. Il y a toujours des esprits qui nous confirment en ce qu'il y a de plus faible en nous, pourvu que nous soyons d'accord avec eux dans la polémique; et malheureusement ils sont bien plus nombreux que ceux qui sont capables d'un bon jugement sur le fond des choses.

Kirchhorst, 25 avril 1939.

Par le courrier, mon fascicule militaire, que m'envoie le Bureau de recrutement de Celle, et d'où il appert que l'Etat m'a inscrit sur ses listes avec le grade de lieutenant en disponibilité. La politique, en ces semaines, rappelle la période qui précéda immédiatement la Grande Guerre. Mais c'est un fait nouveau que l'extrême sensibilité des masses, qui contraste de plus en plus avec l'accroissement effroyable des moyens. Pourtant je conjecture que ces deux faits ont la même origine et que les apparences sont ici maîtresses. Terrible est et demeure à jamais une seule grandeur : l'homme, de qui les armes ne sont que ses membres et son esprit.

Reçu encore une carte postale de Friedrich-Georg, qui viendra de Leisnig à la fin de la semaine.

Ce matin où, pour la première fois depuis de longs jours, le temps était agréable, je méditai au jardin tantôt sur mon travail des *Falaises de marbre,* tantôt sur le fléau des taupes. Il en va au jardin comme dans la vie, où chaque faveur s'accompagne d'une peine. Lorsque la terre est bien meuble, elle se dessèche d'autant plus facilement; qui fait sous le climat des tropiques décuple récolte, doit souffrir neuf fléaux par surcroît. Nous sommes faits pour les profits modestes et devons en être contents.

Kirchhorst, 26 avril 1939.

Bêché dans mon jardin afin de le rendre digne de comparaître devant mon frère. Semé encore des pois qui portent le beau nom de « Sabres anglais » et que je mets à l'abri des moineaux en tendant au-dessus d'eux de vieux rideaux. Encore une fois à la chasse aux hydrophiles, dans le Marais, parce que je veux en fixer quelques variétés sur de la cellophane pour en étudier la partie inférieure. Les endroits où cette terre landaise est lissée à la pelle. Sur sa tourbe grasse, comme sur une aire noire, la bruyère et la rosée-du-soleil, puis des herbes fleuries et de jeunes pousses de bouleaux. Sur les bords, avec des fleurs rouges, encore closes, une haute plante éricinée, sans doute la *calmia,* d'origine canadienne. Sur la plaine animée, chasse la cicindèle, tantôt miroitant d'un vert soyeux, tantôt plus mate et semblable à de la mousse. Un exemplaire, que je recueillis surtout pour le plaisir, appartenait à une variété particulière nommée *connata :* sur son dos, les deux taches claires se réunissent au centre en forme de nœud.

Falaises de marbre. Je n'ai pas encore trouvé de nom approprié pour la figure du frère, que j'avais d'abord nommé Profundus, – mais ces trois syllabes ont trop de poids dans la phrase. Aussi ai-je provisoirement adopté Félix, ce qui est plus qu'incolore. Peut-être me déciderai-je en faveur d'Otto ou Otho, ce qui, à ne considérer que les voyelles, peut s'introduire dans n'importe quelle forme de phrase.

Kirchhorst, 28 avril 1939.

Nuit agitée. D'abord m'apparut Kniébolo que je trouvai malingre, mélancolique et en quête de compagnie. Il m'offrit de merveilleuse confiserie dorée; on lui en avait donné, me dit-il, des quantités énormes pour sa fête. Ensuite, je vis une image de la vie, qui était pareille à un jardin pour course d'obstacles. Il y avait là des labyrinthes, des parties inversées, et beaucoup de barrières qu'on ne devait franchir que dans une seule direction; il y avait aussi les portes qui ouvraient sur l'air libre.

Je vis luire une nouvelle fluorescence : or et bleu. J'agitai dans une coupe des cristaux et des billes qui ne tardèrent pas à briller, tantôt d'or pur, tantôt d'un bleu lumineux, et durant ce mouvement un léger tonnerre montait de la coupe.

Au milieu d'un cercle d'artisans illustres, je me présentai comme graveur de syllabes.

A midi, dans la chambre de Perpétua, à la radio. Perpétua, Louise et la grosse Hanne étaient assises sur des chaises, tandis que j'étais étendu sur le sopha presque comme en Mauritanie. Ensuite, planté des pommes de terre : on se sert ici d'une pioche à larges dents et d'un grand râteau pour tracer les sillons. Cet outil s'appelle *tog*, prononcer : *toch*, qui se rattache sans doute à : *ziehen*, tirer. Transplanté des roses trémières. Conversations avec le vitrier dont la vue m'a fait penser, pour la première fois de ma vie : c'est l'air que je voudrais avoir, plus tard, car il joignait les marques de l'âge à une agréable sorte de puérilité. Le petit Alexandre, qui dit : « oncle » à tout le monde : les enfants savent encore que tous les hommes sont frères.

On appelle ici *dössel* la grosse poutre, à la porte de la grange.

Kirchhorst, 29 avril 1939.

Avant de m'endormir, j'ai pensé longtemps à la couleur bleue que j'avais vue hier dans la coupe, pour essayer de lui donner un nom. Ce n'est que par la difficulté de trouver une comparaison approximative que j'ai reconnu le genre d'image qui s'était présenté à moi. Je me trouvais au-delà du monde des couleurs.

En rêve, j'ai entendu un dialogue de paysans au sujet de la région. L'un disait : « A l'été, faut que l'marais soye crouillé » –, c'est-à dire remué, et il entendait par là, ainsi que je compris aussitôt, un labourage profond au moyen d'un soc pointu.

A quatre heures, je m'éveillai et j'entendis jusqu'à cinq heures et demie sonner au clocher de l'église. Tandis que nous croyons être éveillés, c'est malgré tout une sorte de clair assoupissement qui continue : nous sommes à ras du sommeil.

Reçu de Paris, envoyé par Hercule, le dernier numéro du *Crapouillot :* « Les bas-fonds de Paris », avec des illustrations et des descriptions sur les lupanars, et un bref lexique d'argot. Dans ce dernier je rencontre pour pleurer : « chialer », c'est-à-dire en réalité : « chier des yeux. » Je retiens cet exemple qui montre à quel degré la langue peut se charger de boue. Un mot a souvent autant de synonymes qu'il y a de classes de la société.

Le soir, ai cherché Friedrich-Georg à l'autobus.

Kirchhorst, 30 avril 1939.

Les cathédrales considérées comme des fossiles ensevelis dans nos villes comme sous des sédiments tardifs. Mais nous sommes fort loin de déduire de ces proportions la vitalité qui se conjuguait avec elles et qui les a formées. Ce qui a vécu sous des apparences multicolores et ce qui les a créées, est plus loin de nous que les Ammonites de la période crétacée; et nous avons moins de peine à nous représenter un saurien d'après un os trouvé dans une carrière schisteuse. On pourrait également dire que les hommes d'aujourd'hui regardent ces œuvres comme un sourd voit les formes de violons ou de trompettes.

Après-midi, par un temps lourd, avec mon frère, dans le Marais. Conversation sur la différence entre le nihilisme et l'anarchie. Friedrich-Georg les distingue entre autres à ceci que le nihilisme est capable d'adopter des formes d'ordre d'une certaine ampleur. On pourrait par exemple poser de façon toute générale l'axiome que l'ordre visible doit se renforcer dans la mesure où l'harmonie intérieure se perd. C'est ainsi que le nombre de médecins augmente dans la mesure où diminue le pouvoir de guérir.

Tard, un orage de grêle, venu du Marais.

Kirchhorst, 1er mai 1939.

La grêle a fait beaucoup de mal aux plantes : elle a arraché les fleurs de notre petit amandier qui jonchent la terre, pareilles à une chemisette rose.

Il y a un mois que nous sommes arrivés ici. Ce qui me plaît surtout dans ce nouveau logis, c'est l'absence d'un certain confort qui avait fini par me faire horreur dans les petites villas de construction moderne. La maison est bâtie comme une ferme de Basse-Saxe; la vaste grange et les étables, que je projette de peupler peu à peu d'animaux, sont attenantes aux pièces d'habitation.

Kirchhorst, 3 mai 1939.

Promenade à Burgdorf, avec Friedrich-Georg. Sur le chemin, les fleurs jaunes et lumineuses de la dent de lion : *leontodon.* Le nom de cette plante est bien choisi, car elle est, comme le lion, d'origine solaire. Dans les villages, les grands chênes sont à regarder comme les derniers arbres de Donar. Souvent, il me tombe des yeux comme des écailles; les fermes m'apparaissent au naturel, dans leur antique splendeur païenne. Je plonge jusqu'au tréfonds inviolable du vieux pays de mes pères, et je crois que dans la mort nous voyons ainsi, ouverte à larges battants, la maison paternelle, et l'aire de la grange éclairée d'une lumière solennelle.

A Burgdorf, nous entrâmes chez un jeune forgeron parce que le ressort de selle de la bicyclette de Friedrich-Georg s'était cassé. Le petit atelier qui sentait la ferraille était bourré d'objets hétéroclites, surtout de roues démontées, qui rouillaient et s'empoussiéraient dans les recoins. D'autres objets étaient pendus aux murs comme des offrandes dans le temple de Vulcain. Lorsqu'on regarde un tel endroit avec un parfait détachement, comme je faisais, le travail humain prend parfois un sens singulier.

Kirchhorst, 4 mai 1939.

Parce que mon cabinet de travail était trop central dans la maison, je me suis aménagé, avec l'aide de Perpétua et de Louise, une cellule d'ermite au grenier. J'ai toujours eu du goût pour les greniers poussiéreux; on y rêve comme dans le royaume de l'oubli.

Une certaine substance s'amasse, me semble-t-il, dans les pièces inhabitées, un humus spirituel d'où l'imagination tire une riche nourriture. C'est ainsi que les rêves affluaient, lorsque je couchais à Ueberlingen dans la cave. Cette influence devint presque monstrueuse, pendant la guerre, lorsque je m'installai à Douchy, dans un abri abandonné, qui était situé au milieu des jardins et que je quittai après ma première nuit. Ici seraient sans doute à leur place les histoires de visiteurs qui couchent dans des chambres poussiéreuses de vieux châteaux et qui voient les apparitions mystérieuses. Dans les pièces que nous avons longtemps habitées, cette force étrangère s'épuise; elles ressemblent à un sol depuis longtemps cultivé. On s'explique aussi que le peuple attache à la première nuit passée dans une nouvelle demeure et à ses songes la signification d'un présage.

Kirchhorst, 6 mai 1939.

« Sur la souffrance. » Si je révise cet essai, j'y ajouterai un morceau sur l'amertume. L'amertume de vieillir, surtout chez les femmes, l'amertume des déceptions, des injustices et des échecs irréparables, enfin l'amertume de la mort, à laquelle personne n'échappe. L'amertume n'apparaît que dans la deuxième moitié de la vie lorsque, avec les rides du visage, se dessinent les lignes du destin, dans leur caractère inéluctable. Elle aussi exprime une sorte d'innocence perdue.

Kirchhorst, 9 mai 1939.

Planté choux et céleris par un temps d'humidité et de fraîcheur persistantes.

De l'humidité considérée comme élément vital. L'afflux des sèves provoqué par la jouissance plus forte; la salive qu'appelle une bouchée savoureuse; le mouvement du sang et les sécrétions des jeux de l'amour. Nous sommes en pleine sève. La sueur et les larmes aussi manifestent l'activité de la vie dans les régions profondes de la santé. Je plains celui qui ne peut ni transpirer ni pleurer. Puis l'humidité dans le domaine de l'esprit : par exemple, la fraîcheur de la sève, de la mousse et de la forêt dans la poésie. Surtout le jaillissement, l'abondance de mots et d'images où flottent les parcelles solides.

L'humidité chez Rubens, singulièrement aux endroits où la chair se teinte de rose. Inégalable est chez lui tout ce qui exprime la joie de vivre. Chez les Latins, l'élément humide est plus secret, souvent enfermé comme en des coquillages. A cela se rattache aussi le besoin, plus exactement la soif, d'un sang plus nordique.

D'autre part, les qualités de ce qui est sec. Douceur, arôme. L'inclination de Nietzsche vers la sécheresse, le désert, les dattes, exulcérations dorées, de Wagner à Bizet. La vie intense qui naît des ondées. Oasis. Citernes. Harems. Intarsia.

Kirchhorst, 10 mai 1939.

Semé en pleine terre betterages rouges, radis, haricots, et sur couches choux frisés et navets. Des choux frisés, outre les espèces ordinaires, une variété d'un rouge sombre, presque virant au noir, pour le plaisir de la vue. Je veux aussi cultiver sur rames des haricots grimpants, à cause de leurs fleurs rouges. Les poules elles-mêmes devraient être d'une race qui réjouit l'œil. Il n'y a qu'ainsi que la prospérité peut favoriser notre économie. Il faut éprouver plusieurs fois par jour l'envie de rendre visite à ses plantes et à ses animaux pour se délecter à leur vue; il faut le soir encore, avant de s'endormir, les voir en esprit.

Lorsqu'un homme a conquis une femme, il devient plus hardi à l'égard des autres; le succès s'étend du même coup à toute l'espèce.

Kirchhorst, 14 mai 1939.

Aujourd'hui, dimanche après-midi, j'ai reçu la visite d'un lecteur, âgé de vingt-trois ans, qui fait son service comme caporal à Brunswick. Ensemble nous avons bu le café sous les hêtres, puis nous sommes allés dans le Marais. Je remarque que tous ceux dont je fais ainsi la connaissance souffrent plus ou moins, sans qu'il soit possible de les aider. L'époque ressemble à un mauvais défilé; les hommes sont forcés de le franchir. A ne les juger même que par leur physionomie, j'ai l'impression qu'ils sont trop conscients et trop absorbés par l'idée de la situation où ils se trouvent. Ils sont comme inhibés par la peur d'un examen, mais en même temps très lucides, et il est étrange que la volonté de bonheur et d'aventure soit si peu développée en eux. On a toujours le sentiment de parler à des coureurs de fond, ou, ce qui est plus angoissant encore, à des coureuses. Où le génie de l'univers peut-il bien tenir ses dormeurs et ses rêveurs en réserve ?

Kirchhorst, 15 mai 1939.

Le lis sombre qui se dresse, pareil à un petit palmier, au bord du massif de chrysanthèmes. Il lance les verticilles de ses feuilles étroites en un tournoiement hardi, comme une danseuse fait de sa robe. A la vue de cette plante, je jouis du bien-être qu'elle tire de sa terre et de sa croissance. La force en elle est aussi merveilleusement enclose et comprimée que dans une statue. La hâte lui est inconnue; elle sait qu'elle arrive à point pour la maturité.

Kirchhorst, 17 mai 1939.

Depuis que j'habite la mansarde, il m'arrive de ne rencontrer Friedrich-Georg qu'à midi. Nous avons parlé aujourd'hui, après déjeuner, du « style imagé » que Marmontel condamne. Des remarques de Friedrich-Georg, j'ai trouvé judicieuse celle-ci surtout : que dans la langue on peut distinguer non seulement le langage des images et le langage des idées, mais encore le style inspiré.

Parlé ensuite de Breughel et de *L'Enfant prodigue* de Bosch. Ce tableau que nous avons regardé de près à l'occasion d'une vente aux enchères, voici quelques années, nous a laissé à tous deux une forte impression. Le fils à cheveux blancs, usé de visage, de corps et d'âme. On voit qu'il ne réussira plus jamais à rentrer chez lui, et par ce trait le peintre dépasse encore en dureté le texte biblique. A l'arrière-plan, le monde, représenté comme une confuse boutique de tromperie et d'illusion, devant laquelle un ivrogne urine, tandis qu'une fille étale ses seins à la fenêtre. Il y a beau temps que l'on a oublié ici celui qui a laissé héritage, honneur et santé. La flétrissure a atteint jusqu'au noyau. Le plus terrible c'est que, dans ce tableau, toute la vie manquée se concentre dans la perspective d'un seul instant. Il n'est aucun art qui puisse rivaliser avec la peinture dans une telle saisie.

Après le coucher du soleil, planté des tomates. Les plants reprennent sans s'être fanés pourvu que l'on trempe les mottes dans une bouillie d'eau, de tourbe fumée et de terre. C'est une recette que je dois au courtier Belz, d'Ueberlingen. Nous avons ainsi, dans l'école de la vie, bien des maîtres, et à nombre d'entre eux nous ne devons qu'un enseignement particulier.

Kirchhorst, 19 mai 1939.

Mon beau-frère est venu nous prendre en auto et nous avons passé la journée dans le pays de Lippe et au bord du lac de Steinhuden. A Rehburg, nous avons tourné longtemps autour de la maison paternelle et nous avons regardé la fenêtre à pignon derrière laquelle nous avons niché pendant tant d'années, Friedrich-Georg et moi, jusqu'à ce que la guerre éclatât. Nous avons aussi contemplé l'avancée vitrée de la chambre où nous tenions à quatre nos premières fêtes galantes lorsque nos parents étaient en voyage. Les heures passent si vite.

Quant aux arbres, dont après tant d'années je me rappelais encore nettement les contours, je remarquai que les tilleuls et les acacias en boule n'avaient que peu grandi, tandis qu'avaient poussé beaucoup plus vite les troncs d'arbres fruitiers et de hêtres, et surtout un saule pleureur que nous avions planté vers 1912 au bord d'un bassin d'eau et qui, depuis, était devenu gigantesque. La qualité du sol entre sans doute pour beaucoup dans ces différences. Je remarquai que nous vivions en un temps nouveau, surtout par les distances dont j'avais gardé un souvenir de piéton. Voici que nous allions en voiture, en quelques minutes, d'un point à un autre. Mais à certains moments je vivais encore complètement dans le passé, qui s'insérait dans le temps nouveau à la façon d'un labyrinthe.

A midi, à Rehburg-les-Bains, à l'hôtel dont le propriétaire, Tegtmeyer, est un camarade de classe de Friedrich-Georg. Nous échangeons des souvenirs tout en buvant du vin. J'aime l'assurance avec laquelle il se levait de temps à autre, au milieu de la conversation, pour servir d'autres clients, et la façon dont il revenait ensuite, avec le sourire de quelqu'un qui dépose son masque. Nous lui trouvâmes un caractère qui eût convenu à un pasteur, mais qui ne seyait pas mal à l'hôtelier. D'ailleurs *toutes* les professions ont un fond sacré.

Nous prîmes ensuite le café au petit château de Matte, dans la buvette de la tour, d'où l'on domine le paysage des origines, avec ses eaux, ses marécages et ses tourbières – cette brousse que Germanicus a traversée. Elle est empreinte de beaucoup de mélancolie et d'amertume.

Ensuite à Stadthagen, où nous avons vu dans l'eau sulfureuse d'une source de cratère des bouquets de fleurs conservés intacts dans leur forme et leur couleur depuis de longues années – spectacle que je trouvai magique et un peu répugnant. Un tyran pourrait conserver ainsi les têtes de ses ennemis tués, pour se délecter de leur vue en se promenant dans ses jardins. Retour à Kirchhorst par l'autostrade que j'empruntais pour la première fois et dont la perfection technique – *machina machinarum* – m'étonna.

Dans le courrier un album de peintures de Toulouse-Lautrec, avec une carte de René Janin. Pour jouir de ces couleurs il faudrait être initié aux charmes des fleurs qui sont près de se faner. Il y a encore dans cette peinture un satanisme qui se dégage surtout du lupanar couleur grenat qui porte le titre *Au salon.* Ailleurs, cette impression se dégage de façon toute positive, par exemple sur *le*

Mail-coach entraîné par son fougueux attelage, tandis que le sol étincelle sous les sabots des pur-sang. De telles images nous donneront certes longtemps encore du plaisir; mais à les regarder on se rend compte combien l'image du XIXe siècle est encore imprécise en nous.

Kirchhorst, 26 mai 1939.

Mauvaise humeur – ce qui est un tort, alors que tout fleurit et demeure si beau. Les grands buissons de cytise qui brillent merveilleusement au jardin attestent que l'abondance existe. Et chaque matin je travaille assez bien aux *Falaises de marbre.* J'ai achevé la description du père Phyllobius, en ayant, je l'espère, réussi à éviter les clichés catholiques.

L'après-midi, à Burgdorf, où je reviens toujours avec plaisir. La ville est d'une sécheresse indestructible et sa substance paraît capable de résister à tous les égarements de l'histoire. Sans doute n'y a-t-il plus en elle ni élévation ni envolée. Lorsque je vois ces vieilles maisons, je me prends à espérer que la race humaine ne sera pas de si tôt anéantie. Tardivement, mais fortement, je commence à discerner ce qu'est la persistance dans la vie.

Au cimetière, qui est tout en fleurs. La vue des enfants qui jouent, tandis que les mères travaillent sur les tombes, me réjouit toujours. Sur le tertre une touffe de cœurs de Marie qui se prêtent fort bien à la décoration des tombes; les rouges gouttelettes des fleurs se balançaient comme de petits médaillons au vent léger. Je songeai à ma propre pierre funéraire sur laquelle je ne veux que le nom et les deux dates, et il me fut agréable de rêver à cela.

Au retour, je m'arrêtai aux abords de Beinhorn, dans une petite clairière, et m'assis sur la souche d'un chêne, au soleil, entre des fougères à moitié déroulées dont une enveloppe de velours brun couvrait encore les germes. Je me sentis plus dispos et, comme souvent déjà dans un tel état d'esprit, je m'accordai le plaisir d'une chasse subtile. En cours de route déjà, le petit scarabée *magdalis armiger,* qui doit son nom aux deux aiguillons dressés sur son bouclier thoracique, avait volé à ma rencontre. Je découvris ensuite sous l'écorce d'un chêne le minuscule *lœmophlœus duplicatus* que j'identifiai plus tard au microscope non seulement par les deux raies qui ornent tête et bouclier, mais encore à l'étroite ligne centrale que l'on ne voit que rarement et que je distinguai avec une grande netteté. Du bois vermoulu du chêne je détachai encore un *scolytus intricatus,* un mâle, ainsi que le montraient les deux fines touffes de poils qu'il portait, dressées sur le front. Enfin je dois citer le *litargus* tacheté avec lequel je n'avais fait connaissance que l'été dernier, dans la Forêt du Cloître, entre Ueberlingen et Birnau. Comme il arrive souvent en pareil cas, il a maintenant cessé de me paraître rare, car on apprend non seulement à connaître les bêtes, mais aussi la façon de les découvrir dans le grand rébus de la Nature.

Kirchhorst, 27 mai 1939.

Progrès croissant. Dans les *Falaises de marbre* j'ai remplacé provisoirement le nom de vipère rouge par vipère lancéolée, ce qui est zoologiquement plus imprécis. J'accorde aussi que les vautours nichent sur les falaises de marbre. Enfin il faut que je me renseigne sur les races de grands chiens pour dépeindre avec une exactitude suffisante la bataille des pisteurs. La lutte des chiens contre les serpents évoque pour moi la rencontre du sang avec une de ses quintessences, le poison.

L'après-midi, avec Friedrich-Georg, au Moulin du Marais, où nous avons étudié les automobilistes tout en prenant le café; ensuite à Heessel et par d'étroits sentiers dans les forêts autour de Kolshorn. Près d'un carrefour un vieux poteau indicateur en chêne nous réjouit comme une de ces figures saturniennes qu'aime Kubin. C'est ici que j'entendis pour la première fois de l'année dans les couronnes des chênes les clairs sons de cloche du loriot.

En cours de route, Friedrich-Georg qui, d'habitude, ne parle que rarement de son travail, m'a exposé le plan d'un essai qui l'occupe et qui porte le titre : *Les Illusions de la technique.* Il rappela la claudication de Vulcain et de Wieland comme un défaut caractéristique. Il parla ensuite de la nature du feu que Prométhée a dérobé aux dieux. Au cours de l'entretien, nous en vînmes à parler de l'orgie de Dimitri Karamazov comme d'un morceau de bravoure et d'effroi exprimant la volupté slave. Le parricide domine symboliquement cette scène à l'arrière-plan. Tandis que nous causions dans la chaude sapinière, une tourterelle prit son vol, gracieuse, avec une robe striée de clair.

Tard dans la soirée, encore au jardin : fumé abondamment choux, céleris et tomates. A cet égard aussi mon axiome est valable, qui dit qu'on n'acquiert qu'avec les années le sûr maniement des épices.

Kirchhorst, 29 mai 1939.

Pour la Pentecôte, visite de Goslar : maître Lindemann. Conversations sur les horoscopes, les herbes, les jardins, la médecine. Après l'avoir ramené à l'autobus, nous avons cueilli des lamiers blancs qui poussent en abondance au jardin et qu'il nous avait recommandé d'employer en guise de thé. Notre récolte est devant moi, dans une assiette creuse, pleine de pétales blancs tournant délicatement au vert et dont chacun porte quatre minuscules points noirs.

Kirchhorst, 1er juin 1939.

Le vieux chêne abattu près de Grosshorst. Nous y allons par de chauds après-midi et nous y faisons notre chasse subtile. Les cérambycides, de velours noir, avec des bandes d'hiéroglyphes de velours jaune. Dans leur ardeur à se couvrir, ils errent sur l'écorce chaude, titubant de fougue amoureuse et de soleil, s'attardent encore quelques instants après s'être séparés, comme éperdus, puis s'envolent rapidement. Ensuite le *phymatodes* rouge, en feutre pourpre, que je n'avais rencontré jusqu'alors qu'une seule fois, en 1951, près de Saint-Léger, en France. En outre les buprestides dont *chrysobothris* est un des plus jolis spécimens. Il déploie ses élytres, couleur d'airain, avec des creux dorés, sous lesquelles paraît la seconde paire d'ailes, semblables à des dessous de soie verte et brillante. Et beaucoup d'autres encore.

Kirchhorst, 4 juin 1939.

Au jardin règne une grande sécheresse; aussi nous mettons-nous en route dès le coucher du soleil, avec seaux et arrosoirs. Après une telle campagne d'arrosage je renonce à mes deux heures de travail du soir, que j'emploie d'habitude à ranger des papiers et à écrire des lettres, mais mon temps n'a pas été mal employé. A l'automne, je me propose d'enfouir dans la terre de la tourbe et des feuilles afin qu'elle tienne mieux l'humidité.

Le matin, à l'église, où a prêché le nouveau pasteur d'Isernhagen. Après-midi à la Fillekuhle; en cours de route, Friedrich-Georg m'a fait un second exposé sur les illusions de la technique. Le soir j'ai lu trois poèmes de lui sur des épreuves que Herbert Steiner a envoyées de Zurich, et parmi lesquels le morceau intitulé *la Mère* m'a surtout plu par sa force. Il me dit qu'il ne réussit plus guère ces sortes de vers où s'agitent les éléments parce que sa langue est orientée davantage vers la description des choses immobiles. Ensuite conversation sur le tableau *L'Enchantement de l'amour,* sur Rimbaud, Rodin, l'Erechtheion, sur l'Acropole. La compagnie de Friedrich-Georg est depuis mon enfance un grand réconfort pour moi.

Kirchhorst, 5 juin 1939.

Biné des pommes de terre par une chaleur torride, afin que la mauvaise herbe se fane plus vite. Mais je trouve ces journées beaucoup moins accablantes que la chaleur moite des bords du lac de Constance, que l'on voyait presque toujours scintiller au cœur de l'été comme sous une coupole de verre. Il me semble même que cette sorte de chaleur stimule.

Chateaubriand. Louis XVIII écrit à Decazes, parlant de ses livres, qu'il les lit « un peu en diagonale ». Villèle dit de Chateaubriand :

« Je ne suis pas jaloux, il a plus d'esprit que moi. Mais mon jugement est meilleur que le sien et ce n'est pas l'esprit qui commande le jugement, mais l'inverse. »

Cependant, la remarque elle-même suppose déjà de l'esprit.

Le soir, j'ai préparé un sorbet aux fleurs d'acacia dont l'arôme oriental a provoqué les éloges de Friedrich-Georg, et qu'il y a peut-être moyen d'améliorer encore en le mettant à rafraîchir.

Kirchhorst, 10 juin 1939.

Par une forte chaleur, nous avons abattu le grand saule, devant les cognassiers et les pruniers qu'il privait d'air et de lumière. Notre voisin Colshorn, qui est mourant, m'avait donné ce conseil. Nous nous sommes demandé dans quelle mesure son destin était peut-être lié à celui de l'arbre. Parlé ensuite du mandarin de Diderot dont il est question à propos d'une conjoncture analogue. Je crois qu'il s'agissait de savoir si la façon dont un parricide est commis à Paris est en liaison exacte avec le fait que ce mandarin se lève en s'appuyant d'abord sur son pied droit ou sur son pied gauche. Dans son mécanisme spirituel, l'idée est très XVIIIe siècle, mais elle est quand même instructive par la magie cachée dans ses chamarrures.

Exquise émanation du bois de saule pelé et de l'écorce, d'où s'échappe dans la chaleur une odeur rafraîchissante de chair crue de concombre.

Kirchhorst, 11 juin 1939.

De nouveau près du chêne de Grosshorst. En pleins champs, à la chaleur, conversation sur la façon dont le darwinisme reproduit la création en la retraçant comme par un stylet d'acier. Friedrich-Georg : « Les animaux y ressemblent à des fleurs artificielles en fer-blanc. » L'assurance avec laquelle Schopenhauer a déprécié dans ses réflexions sur l'anatomie comparée toutes les tentatives faites dans ce sens, en quelque sorte avant même qu'elles existent, demeure à nos yeux un titre de gloire, du moins pour des cerveaux sains. Néanmoins la mécanique de l'esprit veut que de telles doctrines soient déroulées dans toute leur étendue et portent des fruits, car elles sont vraies dans leur cadre. Sans doute la vérité est-elle plus péniblement atteinte aux échelons inférieurs et empiriques, et nécessite-t-elle plus de mouvement. Ici aussi on peut dire que les jambes doivent exécuter ce qui manque à la tête.

A l'heure du café un professeur finlandais se présenta, avec femme et enfant, et m'apporta d'Oslo des salutations du magister. Il me dit que la Pologne s'effondrerait à l'automne, ce qui me semble problématique. Cette visite m'a montré la situation du savant spécialisé, laquelle est fort menacée. Elle s'est rapprochée de la situation de l'ouvrier, debout derrière sa machine. L'homme s'est détaché de l'œuvre, qui est devenue autonome, et l'on peut de plus en plus facilement le congédier ou le suppléer. On peut le remplacer comme une pièce de machine, et les résultats qu'il obtient, voire jusqu'à ses connaissances, ont été projetés hors de lui et instrumentent le processus plus qu'ils n'y interviennent. En même temps qu'il perd son originalité, l'homme cesse d'être indispensable et d'inspirer le respect. Au contraire, la certitude d'un homme comme Paul Gerhardt au milieu des persécutions est formidable.

Kirchhorst, 15 juin 1939.

Terminé : *A propos de l'histoire universelle au second millénaire avant Jésus-Christ*, de Spengler, l'une de ses dernières œuvres, où les ficelles sont fort grossièrement tirées. Et pourtant, cet auteur est plus important par ses erreurs que ses adversaires par leurs vérités. Le mystère de son discours, c'est qu'il a du cœur, et qu'il peut affronter de grandes catastrophes. Il y a, dans sa prose, un certain élan vers les barrières à sauter.

Kirchhorst, 18 juin 1939.

Samedi, dimanche, visite d'Edmond et d'Arnolt Bronnen, à laquelle j'ai pris de l'agrément. Edmond avait amené son fils qui ressemble beaucoup à sa mère défunte. Le même clin de paupières, doux et nocturne, à la façon des chouettes, avec une paupière lourde emplumée de blanc. Pour faire de telles observations, il faut avoir un certain âge et voir les générations.

Au courrier, une lettre de Storch, qui travaille au Brésil, à raison de douze heures par jour, à sécher des bananes en compagnie d'un nègre, devant un four brûlant, tout en écrivant son journal pendant la nuit. Il me dit que sa puissance de travail l'étonne lui-même. Sans doute y a-t-il en nous des réserves inconnues. On a raison de dire que Dieu nous prête la force avec la fonction. C'est vrai aussi de la détresse.

Kirchhorst, 21 juin 1939.

Falaises de marbre. Le travail progresse lentement parce que je prends la peine de fouiller chaque phrase du texte jusqu'à la perfection, quoique l'impression eût sans doute été la même si j'avais traité plus rapidement certaines parties. Malheureusement, je n'ai pas la nonchalance que cela supposerait. Le travail superficiel m'impose double peine parce que je l'applique sur les passages déjà parfaits. C'est contraire aux règles de l'économie. Je pense à cette statuette que j'ai vue dans un monastère de Bahia : elle avait été dorée en dessous, puis recouverte de peinture, au lieu du contraire.

L'œuvre forme un ensemble qui n'est pas dans la somme des phrases. Ce tout ressemble à des rails qui mènent le lecteur comme au vol par-dessus toutes les aspérités et lacunes du plan. Il excite en lui l'enthousiasme comme une merveilleuse offrande.

Kirchhorst, 25 juin 1939.

Au café, le docteur Ostern, qui vient de Rhodes. Nous avons parlé du chemin de la plage de Trianda et de la vallée de Rodino, que ma mémoire a gardés dans toute leur fraîcheur. Il me dit que ce fut là le siège de l'école de rhétorique. Nous parlons ensuite de l'île de Crète où je voudrais passer l'été prochain et qu'il me recommanda.

Au courrier, le *Journal* de Gide, de 1899 à 1939, un cadeau d'Hercule.

Kirchhorst, 3 juillet 1939.

Le jardin commence à bien produire. Et les premières plates-bandes vont être libres pour le deuxième ensemencement.

J'ai vu en rêve, au-dessus d'un paysage mort, une escadrille d'avions de combat, dont l'un tomba au troisième coup de feu d'une batterie de défense antiaérienne. Le spectacle se déroulait dans un monde complètement mécanisé. Je l'observais avec une satisfaction maligne. L'impression était plus profonde, plus pénétrante que pendant la Guerre mondiale parce que le fait était devenu plus rationnel. Rien d'épisodique : les avions se mouvaient comme des pièces chargées d'un courant électrique, au-dessus d'un monde également placé sous tension. Le coup au but provoquait le contact mortel.

Ensuite de vastes champs où roulaient des moissonneuses; il n'y avait pas trace de personnel humain. Une éteule, pourtant, était parcourue par une grande herse, attelée d'esclaves couleur ocre que dirigeait un surveillant géant. Il les battait jusqu'à les faire crier et tomber, après quoi il les battait jusqu'à les réduire au silence. Il y avait dans ce spectacle une dépense réciproque de force et de souffrances stupides qui me laissait désespéré.

Le jour, au jardin, je me rappelai ce rêve. J'y voyais à présent un avertissement; je prenais conscience de la responsabilité qu'impose une telle conscience.

Kirchhorst, 4 juillet 1939.

L'après-midi, le docteur Gerstberger, venant de Fischerhude, où il est l'hôte de Mme Rilke, a fait ici une courte station. Les connaisseurs me disent qu'il est de nos meilleurs musiciens. Quoique je n'aie point de jugement là-dessus, cela me semble vrai. On peut fort bien se rendre compte du dehors si un homme est éminent dans son domaine, pourvu que l'on comprenne de lui la part qui n'est pas isolée. Au centre de gravité nous sentons même le poids caché. Conversation sur Wagner, Verdi, Bizet.

Au jardin, des semences perdues ont produit des vesces qui fleurissent le long de la clôture. Couleurs merveilleuses : saumon délicat, jaune crème, violet, comme appliquées au pinceau sur un fond humide.

Kirchhorst, 7 juillet 1939.

Achevé Léon Bloy : *La Femme pauvre.* Le plus grand écueil du roman est dans la tentation qu'il donne d'insérer des réflexions dans l'action, et ce sont justement les plus intelligents qui y succombent le plus sûrement. Ici aussi la matière d'un volume d'essais se trouve éparpillée.

Bloy est un cristal jumelé de diamant et de boue. Son mot le plus fréquent : ordure. Son héros Marchenoir dit de lui-même qu'il entrera au paradis avec une couronne tressée d'excréments humains. Mme Chapuis n'est plus bonne qu'à épousseter les niches funéraires d'un hôpital de lépreux. Dans un jardin parisien qu'il décrit règne une telle puanteur qu'un derviche cagneux, qui est devenu l'équarrisseur des chameaux morts de la peste, serait atteint de la folie de persécution. Mme Poulot porte sous sa chemise noire un buste qui ressemble à un morceau de veau roulé dans la crasse et qu'une meute de chiens a abandonné après l'avoir rapidement compissé. Et ainsi de suite.

Dans les intervalles nous rencontrons des sentences aussi parfaites et vraies que celle-ci : « La fête de l'homme, c'est de voir mourir ce qui ne paraît pas mortel. »

A la page 169 l'exemple d'une image telle qu'il faut les éviter : « Le ligne impérieuse du nez aquilin dont les ailes battaient continuellement. »

Kirchhorst, 9 juillet 1939.

Falaises de marbre. Etrange, comme je perds de vue l'ensemble lorsque je travaille. De même, la brodeuse ne voit à la lumière que l'endroit où elle pique son aiguille; et le reste de la tapisserie demeure dans l'ombre.

Le « paquetage » des phrases, dont les parties me sont aussitôt familières. Mais j'ai beaucoup de peine à empaqueter ces parties dans la phrase, comme dans un carton, en les disposant le mieux possible. Dans une phrase idéale, il faut que chaque mot ait la part de poids et d'accent qui lui revient.

Kirchhorst, 17 juillet 1939.

Du 13 au 15, j'ai eu la visite de Nigrinus qui étudie en ce moment l'ethnologie à Hambourg. Nous avons fait le tour de Kolshorn en parcourant les chaudes forêts de pins et nous avons parlé de masques, de pêche, des îles des mers du Sud et de la vie à l'âge de pierre, qui occupe un rang éminent parmi les paradis perdus. Les temps modernes en tant que facteurs de mouvement commencent déjà avec l'âge des métaux. Ici aussi est la coupure qui sépare la féerie du mythe. Je fus heureux d'apprendre qu'il se consacrait à ces études, mais il me dit son désir d'une guerre prochaine.

Je remarquai combien sa physionomie a changé. Lorsque nous touchons au feu de la vie, des stigmates s'impriment sur nous, qui ressemblent à des traces de brûlures : aux joues surtout, où les enfants ont des fossettes, il se forme des marques, comme après une flambée de poudre. Les yeux, qui ressemblaient naguère à des miroirs clairs, prennent de l'acuité, mais il reste malgré tout en eux ce regard des bêtes qui bondissent à travers des cerceaux de flammes. Souvent l'homme paraît troublé, roussi, comme j'ai vu la princesse.

Ensuite, le 15 et le 16, visite de Carl Schmitt, mais tous deux se sont à peine rencontrés. J'ai toujours aimé chez C. S. l'ordonnance et le bonheur de ces pensées, qui donnent une impression de force présente. La boisson l'éveille encore davantage, il est immobile, avec un soupçon de rougeur sur le visage, pareil à une idole.

Entre beaucoup d'autres sujets, nous avons aussi parlé de l'empereur Andronicus, que Bloy m'avait fait connaître. Après avoir régné pendant bien des années en tyran, il tomba et fut livré à la populace de Byzance qui le tortura pendant de longs jours durant lesquels il tenta malgré tout, anxieusement, de préserver sa vie et sa conscience ainsi qu'on défend une lumière contre un courant d'air trop fort. Pareils à un essaim de mouches, ses sujets opprimés réglèrent son compte à l'empereur déchu. Ses derniers mots : « Mon Dieu, pourquoi permets-tu qu'on piétine encore sans fin une tige brisée? » Ensuite on le vit porter la main à sa bouche, sans doute pour aspirer le sang qui coulait d'une blessure.

Le plaisant chez Carl Schmitt c'est que, quoiqu'il ait passé la cinquantaine, il soit encore capable d'étonnements. La plupart des hommes n'accueillent dans la vie un fait nouveau que dans la mesure où il a un rapport avec leur système ou leurs intérêts. Il leur manque le goût du phénomène et de la diversité en soi, l'amour avec lequel l'esprit accueille l'impression neuve ainsi qu'un grain de semence.

Kirchhorst, 18 juillet 1939.

Pendant l'épidémie de choléra à Hambourg, le mot « Hambourgeois » servait d'injure en Allemagne. Cette année-là, mon père a entendu, à Hanovre, deux gavroches crier à un voyageur : « Espèce de Hambourgeois! » Fait qui l'impressionna vivement.

Etrange mécontentement au souvenir de certaines expériences. On voudrait en jouir une seconde fois; il semble qu'on ait oublié l'essentiel. Peut-être cela démontre-t-il qu'il y a une expérience absolue qui n'est pas épuisée dans le domaine empirique.

L'idée que le paysage de la vie cache des accès de cavernes, invisibles en plein jour. Nous y entrons au crépuscule et sommes perdus au monde comme le moine de Heisterbach. Ainsi l'enfer, la folie, la magie, la mort. Chose effrayante de voir nos proches disparaître ainsi dans l'invisible.

La voix humaine, lorsqu'elle appelle l'écho, a un son particulier.

Kirchhorst, 19 juillet 1939.

Après le bain, en flânant, entretien sur la constellation qui domine ces années. Les hommes vivent comme des animaux dans une eau trouble et ignorent leur habitat. Mais un œil plus perçant les verrait en ordre de marche comme des compagnies de soldats en campagne. Peut-être cette connaissance insuffisante des choses, commande-t-elle le mécanisme de l'Histoire, car il s'y joint l'aveuglement en présence des vrais dangers, et par là même une sorte de courage fatal. Mais il y a des signes par le pouvoir desquels la situation peut d'un instant à l'autre s'éclairer. Ainsi des fusées s'allument dans le ténébreux pays de l'avant-front.

Le bain : une mare d'eau dans une vieille fosse à terre glaise située sur la route de Lohne. La surface ronde en est encadrée presque à moitié par les feuilles brunes du plantain d'eau; les taons tracent les figures au-dessus d'elle. L'eau est profonde, tranquille, et de son fond de terre glaise montent des bulles vaseuses et de frais remous. Les bords sont foulés par le bétail pâturant; demoiselles et libellules s'exposent au soleil dans les roseaux, rouges, bleu cendre, tissées noir et vert, et claires avec des bandes foncées, les corps comme montés sur des brins de bambou fins et de couleurs vives. Les hirondelles viennent des fermes et se mouillent le ventre en chassant les éphémères. Un petit point d'eau, cerné de joncs et de hauts roseaux, comme d'une frange de cil, mais recélant des poissons dans ses profondeurs, a pour hôte la cigogne de Neuwarmbüchen qui embroche les grenouilles. Ici aussi Neptune gouverne par ses serviteurs, l'ondin et l'esprit qui hantent le puits. D'où vient le parfait délassement que l'élément nous accorde.

Kirchhorst, 23 juillet 1939.

Avec Friedrich-Georg qui a achevé hier son travail sur la technique, au Zoo, en ce dimanche à prix réduit. La vue des masses est fort oppressante, mais on ne doit pas oublier qu'on les voit à travers l'œil froid de la statistique. L'individu est toujours plus important qu'il n'apparaît dans ce cadre. Souvent il ressemble à un grain que la sécheresse a réduit et écharné, mais au fond duquel repose, malgré tout, le germe vert. Il faut surtout considérer qu'il s'agit d'abord de faire naître l'homme *en soi-même.*

Parmi les animaux, le trochile, un oiseau de la taille d'un sansonnet, mobile et d'un agréable plumage gris et rose. Si les animaux de la terre, comme je l'appréhende parfois en mes heures sombres, devaient être tous détruits, ils subsisteraient quand même dans leur intégrité. Ils reposent dans le Créateur et seule leur apparence serait abolie. Toute destruction ne supprime des images que leurs ombres.

Kirchhorst, 28 juillet 1939.

Tard dans l'après-midi, je mis la dernière main au manuscrit des *Falaises de marbre.* Il me semble avoir à peu près réalisé ce livre comme je l'imaginais – quelques passages mis à part où l'esprit s'est trop tendu, de sorte que la langue a été comprimée et est devenue cristalline. Ailleurs, elle ressemble à un fleuve qui entraîne des glaçons. Ce que je poursuis, c'est la prose sans vibrations et sans rotation, d'une grande fixité. Il faut que les phrases fassent leur entrée dans la conscience comme les lutteurs dans l'arène. Mais cela ne dépend pas de la volonté.

Kirchhorst, 9 août 1939.

Bodo est venu en visite pour quelques jours; il a gardé toute son assurance d'autrefois, qui tient souvent de la manie. La rencontre est surprenante entre cette intelligence aiguë, toujours en éveil, et ce personnage bizarre, qui frôle parfois la bouffonnerie. S'il a des traits hoffmannesques, à d'autres égards il fait penser à un kantien doué, tel qu'on devait en trouver, il y a cent ans. En tant que Silésien, il habite une province qui m'est peu familière, mais il y a en outre en lui un élément complètement étranger, qui rappelle Tamerlan, même par la physionnomie. De là viennent sans doute l'étendue de ses pensées et certains traits de cruauté abstraite. En dehors de cela, il a de la cordialité et je me souviens de nuits fort agréables que nous avons passées ensemble à boire un punch. Un jour que je lui rendais visite dans son appartement de Berlin, je le trouvai dans sa bibliothèque, penché sur une grande carte du Reich qu'il avait dessinée. Devant sa fenêtre il avait répandu des graines pour les oiseaux, et de là, d'artistiques chemins de semences conduisaient le long des étagères, attirant poisons et mésanges jusqu'au fond de la pièce, de sorte qu'il était assis comme dans une volière. Deux choses sont fort estimables chez lui : son sens incorruptible de la hiérarchie spirituelle et sa compétence théologique.

Cependant je poursuis la mise au net des *Falaises de marbre.* L'ajustement des phrases – comme si on les éclissait. Je me suis résolu aujourd'hui à m'écarter en bien des cas de la règle qui veut qu'après plusieurs sujets le verbe soit mis au pluriel. Cette règle semble mal fondée lorsque ces sujets représentent un concept unique et que l'on peut en quelque sorte les mettre entre parenthèses : « (Sel et pain) fait venir le rouge aux joues. » Il s'agit là d'une de ces querelles de frontière entre la construction logique et la construction grammaticale de la langue qui sont assez fréquentes. Il en va de même lorsque l'énumération de plusieurs sujets n'a d'autre fin que de renforcer une unité par une forme de rhétorique. « C'est l'homme, l'époux, le père que j'entends désigner. » La notion de sujet passe ici d'un mot à l'autre, laissant finalement au dernier le sceptre de la phrase. On pourrait aussi les comparer à des boules, dont l'une transmet à l'autre, comme au billard, la force du coup qu'elle a reçu. Et sans aucun doute la grammaire relève à certains égards de la mécanique.

Kirchhorst, 10 août 1939.

A Lohne, pour cueillir des champignons, mais nous n'avons trouvé que quelques champignons de prés et une seule morille dans la forêt de pins. Conversation – à la vue d'une colombe morte – sur la colombe qui vit en toutes les colombes et qu'aucun autour ne déchirera jamais. Puis sur l'idée platonicienne, cette source inépuisable de dialogues et de distinctions qui subsiste depuis des millénaires.

Déjà l'automne s'annonce doucement et je reprends l'agréable habitude de lire parfois au lit, le matin, pendant une demi-heure. C'est ainsi que j'ai lu ce matin *La Déesse syrienne*, un essai de Lucien, dont on a mis en doute – probablement avec raison – l'authenticité. Même en ce temps-là, il subsistait encore de nombreux vestiges du royaume magique, effrayant et bariolé d'Hérodote. Un Romain éclairé, qui connaissait les chrétiens, pouvait dans le même temps voir les deux grands phallus dans le parvis du temple où se dressait le membre d'airain de Combabus. Deux fois par an, un homme escaladait un de ces phallus, comme on monte sur un palmier, et demeurait pendant sept jours à son sommet, dans une sorte de nid de cigogne. L'auteur tait les raisons véritables de ce culte, de façon fort peu lucinienne, à la manière d'Hérodote.

Kirchhorst, 12 août 1939.

Ce matin j'ai achevé de mettre au net *Les Falaises de marbre* et j'ai enfermé le manuscrit original, après l'avoir daté, dans mon serre-papiers. Après-midi au petit café de Burgdorf où nous nous arrêtons parfois; j'ai passé en revue, avec Friedrich-Georg, mon premier lecteur, les figures du livre. Elles portent déjà certains traits auxquels je n'avais pas pensé d'abord, en écrivant, et qui me paraissent néanmoins évidents. Les créatures se séparent ainsi de l'auteur et continuent à grandir en des lieux qu'il ne connaît pas. A condition toutefois qu'il y ait dans la langue une part d'informulé, de substance originelle; sinon, elles ont tôt fait de se faner. Il faut qu'elles portent de la terre.

Nous avons aussi frôlé en passant les auspices politiques, et Friedrich-Georg m'a dit : « Ton livre, ou bien ils l'interdiront les quinze premiers jours, ou bien jamais. »

Kirchhorst, 16 août 1939.

Rêves d'ascenseur, désagréables comme presque tous les rêves qui touchent à la technique. En plus, des escaliers sans rampes, ou qui s'arrêtent court, et entre les lambeaux desquels bâille un précipice. Le monde vu comme une architecture confuse.

Le désordre de l'univers apparaît certains jours de façon si souveraine qu'on désespère de s'en rendre maître. A contrecœur, je me résous alors à serrer l'écritoire, le linge, les outils de jardinage. Sans doute ce sentiment implique-t-il aussi la conscience que tout ce que nous produisons et recueillons est destiné à périr. Le mieux serait de passer ces jours-là dans son lit et surtout de ne rien entreprendre de nouveau.

Au courrier, un roman portugais de Guedes de Armorim : *Aldeia das águias,* avec une dédicace de l'auteur que je ne puis déchiffrer.

Kirchhorst, 19 août 1939.

Deux jours à Hambourg. Même lorsqu'on se rend régulièrement dans des grandes villes, on est chaque fois surpris par l'aggravation de leur caractère automatique. Chose étrange, leur air de léthargie, d'absence, d'égarement s'accentue en proportion. Cela se lit sur les visages de l'individu, cela se sent à la façon dont les masses circulent et dont les chauffeurs sont assis à leur volant. Il semble que la part de conscience qui se dépose dans les *formes*, soit du même coup perdue pour les êtres.

Sans doute la technique a-t-elle des aspects inhibants, par exemple dans la géométrie pure des formes, dans les carrés, les cercles, les ovales et les lignes droites dont les autostrades ont dû s'écarter, de peur que les conducteurs ne s'endorment. La même remarque s'applique aux rythmes, à leurs cadences rapides, bourdonnantes ou chantantes, à leurs alternances régulières, à leurs déroulements fluides et, d'une façon générale, au formidable bercement de leur monotonie. Cela apparaît clairement surtout dans la propagande, qui ressortit à la technique aussi bien par les contrastes noir sur blanc de ses formes que par ses répétitions monotones. Les spectateurs qui sortent du cinéma ressemblent à une foule de dormeurs qui s'éveillent et lorsque nous pénétrons dans une salle baignée de musique mécanique, nous croyons entrer dans l'atmosphère d'une fumerie d'opium.

La meilleure description de l'état pleinement automatique se trouve dans le conte : *Descente dans le Maëlstrom*, d'E. A. Poe, que les Goncourt ont justement désigné dans leur *Journal* comme le premier écrivain du XXe siècle. Il fait très bien la distinction entre les attitudes des deux frères, dont l'un, aveuglé par l'aspect effroyable du mécanisme, se meurt par réflexes inconscients, tandis que l'autre se conduit comme un être capable de pensée et de sensibilité, et survit. Dans cette figure intervient aussi la responsabilité qui commence à incomber aux élites de plus en plus restreintes.

Kirchhorst, 26 août 1939.

A neuf heures du matin, tandis que j'étudiais paisiblement Hérodote dans mon lit, Louise m'apporta l'ordre de mobilisation qui me convoque pour le 30, à Celle : je l'accueillis sans trop de surprise, car de mois en mois et de semaine en semaine l'image de la guerre s'était dessinée plus nettement.

L'après-midi à Hanovre, où j'avais encore bien des dispositions à prendre et des emplettes à faire, par exemple à rapporter du camphre pour mes collections.

Kirchhorst, 28 août 1939.

La mobilisation se poursuit dans tous les pays. Il serait encore temps pour le *deus ex machina.* Mais qu'apporterait-il? Tout au plus un sursis. Les sujets de querelle sont à tel point accumulés que seul le feu peut les résoudre.

Celle, 30 août 1939.

Départ. Je me regardai dans la glace, en uniforme de lieutenant, non sans ironie. Mais c'est sans doute en ce moment l'aventure de beaucoup d'autres hommes en Europe qui n'avaient jamais cru reprendre du service. En ce qui me concerne, j'attribue cette aventure pour une part à l'influence du Cancer, dans mon horoscope, qui m'a quelquefois replacé dans des situations antérieures, souvent pour mon profit.

Tandis que je descendais, on remit en bas, dans l'antichambre, un télégramme signé de Brauchitsch et annonçant que j'étais promu au grade de capitaine. Je le reçus comme un signe qui m'apprenait qu'Arès, dans l'intervalle, ne m'avait pas retiré sa faveur.

Devant la maison, je fis stopper une des voitures qui roulaient vers Celle; elle appartenait à deux négociants de Hambourg qui revenaient de Paris, ayant laissé leurs affaires en suspens. Présentation au commandant du bataillon de réserve, dans l'immense caserne des Landes, où arrivait la foule des mobilisés. Au repas je fis la connaissance des officiers, pour la plupart décorés de l'autre guerre, dont plusieurs étaient des juristes de la Cour d'appel. En ville, pour compléter mon équipement. Je m'installai provisoirement au Sandkrug.

Celle, 31 août 1939.

Nouvelles emplettes. Il faut s'accoutumer à l'uniforme. Cette nuit, j'ai entendu, dans un demi-rêve, des voix de radio qui me firent supposer que l'accord avec la Pologne avait été réalisé. En réfléchissant à l'emploi que je voulais faire de mon automne à Kirchhorst, je me rendormis.

Celle, 1er septembre 1939.

Le matin, au petit déjeuner, le garçon me demanda d'un air entendu si je connaissais les nouvelles du jour. Elles annonçaient que nous étions entrés en Pologne. Dans le courant de la journée, tout en vaquant à mes affaires, je connus les autres dépêches, qui confirmaient que la guerre avait éclaté, également avec la France et l'Angleterre. Le soir, brèves informations, ordres, obscurcissement de la ville.

A dix heures j'allai au pont du château, où j'avais un rendez-vous. La vieille ville landaise était plongée dans l'obscurité, et les hommes se mouvaient comme des êtres magiques avec un minimum de lumière. Le château s'élevait, arrosé d'un pâle reflet bleu, comme un palais ancien dans une ville de féerie. A la façon de danseurs immatériels, les cyclistes glissaient à travers l'obscurité. Et çà et là, une grosse carpe claquait dans le fossé qui longe le parc du château. Pareils à ces poissons, le plaisir nous projette parfois dans un élément étranger, plus léger.

Je passai devant un banc sur lequel étaient assises deux vieilles dames : l'une d'elles disait : « Il faut songer que, dans tout cela, il y a aussi un dessein de Dieu. »

Ensuite au café. On entre dans la lumière, la musique et le tintement des verres comme en des fêtes secrètes ou en des cavernes d'elfes. Puis on entend des voix de la radio qui annonçent des chutes de bombes et menacent les hommes.

Celle, 2 septembre 1939.

Je rejoins mon poste de service en suivant l'agréable chemin qui mène à travers le jardin à la française, le long du monument de la reine Caroline Mathilde, des ruches d'abeilles et de l'élevage de vers à soie. La verte étendue de gazon sous la première fraîcheur de l'automne; parfois des pies la survolent. Ensuite des étangs dont les miroirs tremblent en maints endroits sous les battements des molles nageoires de poissons, avec des cygnes et des canards multicolores sur les rives.

Au stade où se réalise le travail de la croissance proprement dite, les plantes prennent en quelque sorte conscience d'elles et il ne s'agit pour elles que de mûrir. Cela se manifeste par le contour, par la magnificence tranquille, par l'assurance et souvent l'apparence métallique de leurs formes. Dans le fruit, la plastique prédomine, de même que la couleur commandait naguère la fleur, et ce rapport prend figure dans la plante tout entière. J'aime la façon dont la feuille commence à se gonfler à la base de la branche, avant de s'en détacher, surtout sur les platanes et les châtaigniers.

Blankenburg, 6 septembre 1939.

Après une brève permission, me voici à Blankenburg, où je suis un cours. Toutes les guerres commencent par des cours. A Kirchhorst, où j'arrivai tard, je trouvai la petite communauté dans sa caverne de lumière. Au jardin les fruits mûrissent déjà. La vigne aussi réussit de façon surprenante pour cette contrée nordique et marécageuse, grâce il est vrai à la réverbération d'un mur de briques qui conserve chaque rayon de soleil ainsi qu'un capitonnage.

L'état d'esprit du permissionnaire tient du paradis perdu, parce que des conditions dans lesquelles nous vivions habituellement nous sont maintenant accordées par exception. Après une absence prolongée, la figure de celui qui rentre prend un aspect de revenant. La vie aime à combler les vides. Depuis l'époque d'Agamemnon, c'est un sujet de tragédie dont le souffle nous effleure pour peu que nous revoyions un jardin que nous avons quitté. Les fleurs, les fruits fleurissent et mûrissent désormais sans nous.

Blankenburg, 10 septembre 1939.

Dimanche. Journée presque entièrement occupée par la lecture des épreuves des *Falaises de marbre.* La peine que j'éprouve à trouver l'expression exacte me fait remarquer combien Arès est ennemi des muses. Mais rien ne sert de tendre davantage sa volonté : les poids qu'elle doit soulever dans la prose sont trop légers, trop impondérables.

Etrange d'ailleurs que j'aie pu achever cet ouvrage à point nommé. Peut-être est-il des juridictions qui veillent à ce que chacun apporte ses épices pour les mets que nous prépare le temps. Cette pensée m'est désagréable, car nous n'aimons pas à sentir les fils qui commandent le jeu des marionnettes. Si grand est le pouvoir de la liberté que rêver d'elle nous suffit.

*

Le rapport entre la liberté et le destin est le même qu'entre la force centrifuge et la gravitation. De même que l'orbite des planètes est déterminée par le jeu combiné de deux forces contraires, de même la position humaine, c'est-à-dire la position verticale, est le produit de ce rapport.

Blankenburg, 12 septembre 1939.

L'automne avance lentement. Je découvre en Blankenburg une des perles du Harz, qui m'apparaît à bien des égards plus agréable à habiter que Goslar, trop rude et trop agité. L'air est ici plus doux, la terre plus chaude, comme le trahit la végétation. Des groupes de marronniers d'Inde ornent les pelouses dont les rubans et les anneaux verdoyants sont disséminés à travers la ville et enlacent les contreforts de la montagne. Dans les massifs ronds ou allongés on a planté des cannas à foison, avec leurs fleurs rouge feu ou flammées jaune et pourpre au sommet de leurs opulentes tiges vertes. La sève et la forme se rencontrent dans cette fleur qui est comme taillée dans le bronze. C'est pourquoi sa place est dans les parcs qui allient le goût à l'abondance. Elle est encore un ornement des cultures tropicales, des jardins de Paul et Virginie.

Blankenburg, 17 septembre 1939.

Deuxième dimanche à Blankenburg, un jour de pluie. A six heures précises le carillon argentin m'éveille. Le plus souvent je m'attarde encore une demi-heure devant le petit secrétaire de ma chambre d'hôtel.

Le service journalier dans les avancées de la montagne, aux stands de tir et au manège, a cet avantage de dissiper les petits maux, comme par exemple la conjonctivite que j'ai contractée en plongeant dans l'eau de mer à la poursuite de poissons et qui m'avait souvent gêné au cours de ces deux dernières années. On peut comparer la maladie à un fond malsain dans une nappe d'eau souterraine. Aussi est-il bon de mettre de temps à autre la source à sec, ce qui peut s'obtenir par la rencontre avec les éléments ou par la fatigue. C'est le rôle du four d'Héraclite. Celsus, qui ne faisait aucun cas des opérations, me disait parfois son étonnement de voir que bien des malades se rétablissaient réellement après de telles interventions et il n'attribuait ces guérisons qu'aux changements d'humeur déterminés par l'incision.

Lorsque nous arrivons dans une ville, les jeunes filles et les belles femmes commencent par flotter devant nos yeux comme les apparitions de rêve. Comment expliquer qu'ensuite nos pensées se portent sur une seule, qui souvent n'est pas la plus belle? Peut-être est-ce un regard d'une espèce particulière, un sourire qui a jailli comme une étincelle, et nous voilà fixés.

Blankenburg, 20 septembre 1939.

Triste soir de pluie, on ne voit que des braises de cigarettes luire faiblement dans les ténèbres des rues. L'après-midi, lorsque j'allai au stand de tir, une vieille femme s'affaissa soudain devant moi; elle tomba en marchant, comme frappée d'une balle, le visage contre terre. Je la menai dans le jardin d'une auberge où elle ne tarda pas à se remettre. Les nageurs plongent ainsi pour un instant dans l'eau quand la mer est houleuse.

Blankenburg, 21 septembre 1939.

J'ai rêvé que j'étais condamné à mort. La situation absolument désespérée où l'on est dans de tels rêves dépasse de loin la réalité de la vie; la figure originelle qui est la source de tels rêves, c'est l'homme qui a perdu son salut. De même les rêves d'examens sont pleins de sens. La vie se transforme en une épreuve que nous ne réussirons jamais. Qu'on se sent heureux lorsqu'on se réveille! Ce doit être un pressentiment de la Lumière éternelle!

Blankenburg, 25 septembre 1939.

Visite d'une lectrice inconnue. Les conversations, avec des personnes qui entretiennent depuis longtemps un commerce avec mes travaux, se déroulent en quelque sorte en des salles que j'ai décorées de tentures et d'images. Remarques fort intelligentes dans le courant de l'entretien – par exemple sur la responsabilité qui entoure chacun de nos pas comme un filet, mais dont la désinvolture combat les effets. Sinon, l'on finirait par buter sur des brins de paille.

Réflexions aussi sur le banquet de cette vie dont un petit nombre de mets seulement sont accessibles, voire visibles au commun. C'est ainsi qu'il y a des variétés de trèfle aux calices profonds dont certaines espèces d'abeilles peuvent seules atteindre le suc.

D'une façon générale, il me semble que les femmes deviennent plus intelligentes et que leurs rapports avec l'intelligence masculine se modifient. C'est un effet du travail; le fait, pris dans son ensemble, est inquiétant, mais il peut être agréable dans certains cas particuliers. Au fond, c'est une transformation qui s'opère en elles; les atomes sont résorbés par le mouvement.

Blankenburg, 26 septembre 1939.

La masse de travail pèse sur le pays comme un couvercle. En longeant ce matin le Harz pour me rendre à l'état-major, j'ai vu une femme mince, en pantalons bleus et à mouchoir de tête rouge, travailler près du silo dans un champ de betteraves. Elle me fit un signe de sa main levée, et ce geste fut pour moi pareil à l'image d'un camarade, que j'aurais vu de loin, au fond de la mer, sous une pression énorme, et qui m'eût désigné la route de la lumière.

De même on entend parfois, dans le concert démoniaque des tempêtes, l'appel de la patrie, et l'on nc peut faillir lorsqu'on lui obéit.

Une fois de plus je réalise combien le Harz est une montagne magique. Les lignes des coteaux qui le bordent sont elles-mêmes mystérieuses. Dans son sein reposent les vieux sanctuaires et les autels des sacrifices, qu'entoure la ceinture des castels sur les avancées; ensuite viennent, en quelque sorte complètement cristallisés, les domaines princiers et les hautes cathédrales en bordure de la plaine. C'est d'un seul coup d'œil et hors du temps que l'on devrait embrasser de tels ensembles. La force originelle réside dans la montagne elle-même, sous la forme de l'or massif; les habitations des hommes s'y ajoutent et à leurs constructions se communique un peu de cet éclat secret. La plus riche couronne de villes, de châteaux et de cathédrales n'est donc finalement qu'un reflet de la profusion et de la richesse inépuisable de la terre elle-même. Ainsi les pierres que l'on taille pour construire ne sont que la monnaie tirée du trésor des lingots; elle est frappée par ordre des princes, mais le temps la fond de nouveau et la restitue, informe, à la richesse surabondante de la terre.

Blankenburg, 29 septembre 1939.

Dans les forêts du Harz, pour reconnaître l'itinéraire des unités motorisées qui vont revenir de Pologne. Dans un de ces fonds, sur le chemin de Hohegeiss à Rothehütte, une buse s'éleva du ruisseau, portant une couleuvre dans ses serres. Les détails de cette image éphémère, dans ce paisible vallon boisé, brillèrent à mes yeux avec une telle netteté comme une miniature dans un monde immobile –, que je vis scintiller le bord argenté des écailles sur le ventre d'airain sombre du serpent. En de telles images vivent l'eau, l'air et la terre, comme si l'événement jaillissait d'eux, frais et sans douleur, ainsi qu'aux anciens temps héroïques. L'aède les percevait directement, sans que le concept les brouillât.

Blankenburg, 4 octobre 1939.

Exercice à cheval de Blankenburg au champ de manœuvre de Halberstadt, en passant devant le Moine de verre, dans un état d'absence qui contrastait vivement avec la discipline rigoureuse de la personne. C'est ainsi que j'ai vu comme en rêve un champ brun, et la paille qui y était répandue semblait jetée ici par un ressac de l'infini. Au contraire, un pré vert, avec des églantiers où flamboyaient les baies de cinrodon, s'approchait tout contre moi. Les choses m'apparaissaient comme à travers une lentille qui tantôt renforce l'image, tantôt la rend plus floue.

Nous ne vivons ni complètement dans le monde ni complètement dans notre corps – mais un jour les morceaux intérieurs et extérieurs seront ajustés les uns aux autres.

Halberstadt, 5 octobre 1939.

Un subit ordre de marche pour Halberstadt. Lorsque nous arrivons, fatigués, tard et parfois sous la pluie, en un lieu inconnu, nous perdons notre capacité de voir les choses en couleurs. Elles nous apparaissent grises, désespérées. Mieux vaudrait aussitôt aller se coucher.

Au réveil, au contraire, non seulement les couleurs mais encore les formes semblent s'être chargées d'une puissance nouvelle. Je me rappelle par exemple avoir découvert un matin dans le dessin d'un rideau des rectangles tissés dont le sens secret m'apparut soudain. Les choses, alors, sont riches d'un contenu insoupçonné; elles parlent pour peu que le regard se porte sur elles.

Désagréable est le réveil qui précède la véritable détente, deux heures après minuit. Ce moment est particulièrement ingrat; il ressemble au point mort dans le mouvement du pendule. Napoléon a eu raison de louer le « courage de deux heures du matin ». On redoutait également cette heure dans les monastères et les ermitages de la Thébaïde; certaines formes de mélancolie devenaient alors particulièrement menaçantes. On regardait avec raison cette sorte de tristesse comme un péché parce qu'elle ouvrait la voie aux puissances du mal. C'est là en général le méfait des mélancolies; elles ouvrent des points faibles comme la feuille de tilleul sur l'épaule de Siegfried. En pleine force, nous sommes presque invulnérables; les projectiles eux-mêmes ne nous atteignent en quelque sorte que selon certaines trajectoires. C'est pourquoi les mères, en Islande, palpaient avant le combat les corps des guerriers pour y chercher les endroits non protégés.

Kirchhorst, 8 octobre 1939.

Nouveau départ, cette fois pour Bothfeld, pour le 73e, où je dois me présenter demain. En attendant je passe quelques heures dans la ferme et notre jardin, en compagnie de Perpétua. Les arbres portent déjà des fruits lourds et beaux.

Sur l'astrologie. Dans la vie, nous rencontrons toujours la femme unique qui nous précipite hors des voies tracées et nous oblige à l'accompagner, que nous le voulions ou non. En regard de cette rencontre, toutes les autres ne font que projeter une lueur éphémère comme des comètes ou des météores, et tout ce qu'Eros apporte par la suite est soumis à l'influence de la souveraine. C'est pourquoi la fidélité elle-même est au fond indépendante de notre volonté; il entre en elle plus d'inertie que de vertu. On peut en juger par les divorcés qui continuent à tourner en pensée les uns autour des autres : jusque dans les formes de la haine se manifeste leur assujettissement à la grande rencontre.

Bothfeld, 10 octobre 1939.

Dans la lande de Vahrenwald. Au trot à travers les fossés pleins d'eau, les hauts roseaux pointus frôlant la selle. Merveilleuse fraîcheur matinale, où l'œil saisit au vol les éclaboussures d'eau et les voit briller au soleil froid.

La guerre ressemble au Léviathan de qui une nageoire ou quelques écailles émergent seules des flots : la matière en est trop compacte pour que le regard puisse l'interpréter, et il en résulte une impression d'irréalité. Les hommes sentent dans leur voisinage le mouvement des grandes masses, mais n'en discernent ni le but ni la direction; peut-être aussi soupçonnent-ils que d'autres choses se dissimulent sous l'écorce de ces jours : des spectacles d'une espèce nouvelle et inconnue. Il arrive aussi qu'ils perdent leur abri parce qu'ils ne connaissent pas les voies du destin.

Kirchhorst, 17 octobre 1939.

Deux ou trois fois par semaine, je vais à bicyclette de Bothfeld à Kirchhorst. Je remarque que cette route me semble d'autant plus courte que je la fais plus souvent : cela vient sans doute de ce que l'esprit l'analyse et la décompose en une quantité de petits trajets, ce qui donne l'illusion de franchir plus vite l'ensemble de la distance.

Belsen, 3 novembre 1939.

Je viens de recevoir le commandement de la 2e compagnie du 287e que je rejoins en son cantonnement de manœuvres de Bergen, d'où nous devons, me dit-on, repartir dès après-demain pour une direction inconnue.

L'adieu à Perpétua, dans une de ces chambres bourgeoises de 1905, bourrées d'objets, auxquelles nous avons malgré tout fini par nous attacher. Ce que nous appelons romantisme a toujours existé et ressemble à l'ombre suivant l'aiguille qui marque impitoyablement les heures. La pendule tic-taquait, ce que je ne puis souffrir d'habitude, lorsque je dors. Mais ici cela tenait éveillée ma conscience, qui jouissait ainsi du sommeil dans cette perspective particulière. Ainsi la nuit s'étirait-elle infiniment en un temps qui était comme mesuré par de délicates balances.

L'idée que chaque homme est un univers. C'est ainsi que nous découvrons parfois, en nos plus proches – parents, frères, femmes –, après avoir vécu avec eux pendant des années, des profondeurs nouvelles et inconnues. Il est vrai que pour les apercevoir il faut que nous nous soyons nous-mêmes transformés. De même, ces masses des grandes villes qui nous paraissent si nulles recèlent peut-être encore des trésors, à l'instar des mines inconnues du Pérou. Qui voudrait découvrir ces richesses, renouvellerait la mobilisation sous les formes les plus hautes.

Près de Greffern, 11 novembre 1939.

Le 6 novembre, à deux heures du matin, nous avons quitté Bergen. La confuse agitation qui marque d'ordinaire les embarquements m'a touché comme un premier rappel des expériences de la Grande Guerre. Très nettement, je fus saisi en même temps d'un frisson, rayon glacé de quelque œuvre de démons, surtout en entendant cliqueter les chaînes et les marteaux dans l'air froid. La buée devant les bouches des hommes et les naseaux des bêtes, petits nuages semblables à de l'ouate. Voici que les chevaux se cabrent devant une cuisine roulante, faisant jaillir des étincelles, et un groupe noir d'hommes aussitôt se forme avec ardeur, pour dételer et s'appliquer eux-mêmes, fourmis empressées à serrer leur bien et celui de leurs parasites. En de tels instants on sent plus nettement la part d'instinct qui entre dans la vie.

Pensée : les blêmes essaims d'éphémères dont le mécanicien de l'univers emploie les corps à graisser les axes. Ils claquent contre le métal froid.

Dans le compartiment où ma nouvelle ordonnance, Rehm, m'apporte deux couvertures. Sa tenue est bonne; c'est celle d'un homme qui arrive au terme d'une instruction sévère et énergique. Lorsque je lui adresse la parole, son menton, cherchant le nœud de la cravate, forme des plis et son visage se pétrifie. Les médians sont allongés verticalement, les paumes des mains tendues, sans creux, comme il s'en forme lorsque la discipline perd sa fraîcheur. Durant les vingt-quatre heures qui suivent, il m'apporte à intervalles réguliers du café, des nourritures chaudes et du pain. Se présentent aussi l'adjudant-chef et le chef du groupe de compagnie; tous deux me font bonne impression. Le groupe de compagnie, organe inconnu pendant la Grande Guerre, facilite d'agréable façon l'exécution des ordres.

Spinelli partage avec moi ce compartiment; il est mon bras droit, le seul officier de la compagnie. Il dispose d'une belle assurance, un peu américaine, pareil aux jeunes gens que l'on voit dans les films en face d'aventures douteuses qu'ils sont de taille à affronter. Je le vois prendre une série de dispositions concernant soit sa section, soit ses propres commodités. Il se sent apparemment dans son élément. Mais surtout sa personne m'est agréable.

Dormant, mangeant, causant ou lisant, nous traversons l'Allemagne en direction de l'Ouest. De temps en temps, il y a distribution de soupe; parfois des jeunes filles paraissent aux portières et servent du thé ou du café. Nous arrivons ainsi vers deux heures du matin à Pforzheim.

Orion et la mince faucille de la lune scintillent au-dessus des faisceaux de rails. Cependant que nous attendons des ordres, une pensée inattendue jaillit tout à coup, comme un cristal de glace : si infiniment loin que soient les mondes des étoiles fixes, bien au-delà des régions habitées, à l'instant de la mort nous les dépasserons. Un instant viendra où notre esprit franchira les distances des années-lumière dont l'abîme l'effraie. D'immenses voyages l'attendent encore. Les aventures de cette terre ne sont que des symboles de la suprême et grande aventure : elles se déroulent dans les antichambres et le long des ressacs de la ténébreuse et formidable majesté.

Enfin arrive notre ordre de route, et nous nous dirigeons vers Höfen sur l'Enz, où nous arrivons à l'aube. Tandis que la compagnie est cantonnée dans les maisons et les fermes, je m'installe avec Spinelli dans une jolie propriété à flanc de coteau, où Mme Comerell nous offre le petit déjeuner. Très fatigués, nous nous couchons dans des lits douillets d'où un planton vient nous tirer à peine une heure plus tard. Spinelli doit conduire sans délai un détachement précurseur sur la ligne Siegfried, et l'on me donne le commandement de trois compagnies de tirailleurs qui doivent dans le courant de la nuit traverser la Forêt-Noire. Le temps passe en ordres et préparatifs et ce n'est que tard dans l'après-midi que je trouve moyen de m'accorder un court repos. On prend ainsi son sommeil par petites prises. A dîner chez les Comerell : truites au bleu préparées avec art et dressées comme si elles serpentaient dans l'eau, les nageoires tendues. Ensuite, au salon avec un verre de bourgogne; entretien avec le maître de la maison : nous parlons de champignons, en particulier des botrychiens et de variétés sourterraines qui se forment dans les entrelacs des racines de certains arbres. C'est toujours une belle chose qu'un homme possède, à côté de son métier, une connaissance parfaite de quelque domaine préféré : cela donne une idée du luxe dans ce monde. « La fortune dont j'avais hérité m'obligea à faire des études particulièrement soignées », écrit quelque part Poe.

Après minuit, Rehm me réveille et je trouve en bas du pain et une bouteille Thermos pleine de café. A deux heures, départ. A la sortie du village, dans la direction de Dobel, de fortes montées. Quoique toutes les précautions aient été prises, que les fers aient été garnis de crampons et que des détachements de renfort aient été désignés, les chevaux qui ne sont habitués qu'à la plaine ne tardent pas à entrer en sueur. Ils halètent et fument, malgré le fœhn tiède qui souffle dans les vallées. J'ordonne de fréquentes pauses, je fais couvrir et abreuver les bêtes en ayant soin de faire jeter de la paille coupée sur l'eau, afin qu'elles ne calment pas trop vite leur soif. Il faut que les conducteurs mettent pied à terre, que leurs suppléants calent les roues à l'aide de rondins, afin que, durant les arrêts, le poids des voitures ne fatigue pas trop les bêtes. La nuit se passe ainsi en arrêts et en montées. Près de Herrenalb le jour commence à poindre, les rochers se dressent, verticaux, pareils à de hauts et gris tuyaux d'orgue, couronnés par une forêt de hêtres d'un rouge cuivré. Je fais échelonner et dégager les mitrailleuses.

Mais il est temps à présent de m'inquiéter du cantonnement, d'autant plus qu'il faut en prévoir la défense aérienne. Je pars donc en avant pour Gernsbach. Je suis rejoint en route par la voiture du commandant divisionnaire, le général Vierow, à qui je rends compte et dont je fais ainsi la connaissance. Il est mécontent de l'état des chevaux mais ne tarde pas à se radoucir en me rappelant qu'il commandait à Wünsdorf la compagnie d'instruction lorsque j'étais là-bas comme membre de la commission des réglements. En la circonstance je me reposais apparemment sur mes lauriers passés, alors que mieux vaudrait en acquérir de nouveaux. Aussi longtemps que nous restons des apprentis, nous n'avons pas le droit de vieillir; nous devons toujours avoir seize ans.

A Gernsbach, la journée se passe comme la précédente. Je suis cantonné avec Rehm chez un médecin. Son épouse, une femme très agréable, me donne l'impression confuse que je l'ai déjà rencontrée, sentiment qui concerne sans doute plutôt sa manière d'être que sa personne. Ensuite, malgré ma fatigue, sommeil agité, avec un tourbillon d'images de rêve. J'entends quelqu'un crier : « Le bal masqué du néant » et je réponds : « Appliquez du fard rouge. » En m'éveillant je vois que l'heure est déjà fort avancée et je trouve Rehm, qui devait me réveiller, profondément endormi, respirant bruyamment, comme étourdi.

Au départ, il y a dans les rues étroites un embouteillage qui nous fait perdre beaucoup de temps. A la sortie, un cheval de sous-verge tombe dans un ravin. Nous passons par Lichtental, Malchbach, Neuweiher, jusqu'à Steinbach, localité située dans la plaine du Rhin. Ici les couleurs s'animent : les épis de maïs que l'on voit sous les auvents, jaunes et rouges, pendus aux fils légers de leurs cosses rabattues, sont particulièrement lumineux. Leur vue donne une impression d'abondance et ils font penser aux épis de blé que Gulliver voyait au pays des géants. A côté d'eux sèchent des feuilles de tabac en gerbes brunes.

A Steinbach nous avons tout juste le temps de déjeuner, puis je pars en avant pour prendre possession de mon secteur en ligne. La nuit tombe et il commence à pleuvoir avant que j'aie trouvé abri dans la cagna d'été où me reçoit le capitaine Zink. Il me remet, sur une table que mouillent les gouttes de pluie, un système de défense dont la puissance de feu est capable d'arrêter l'attaque d'une division.

Après minuit la troupe arrive, toute trempée. Des guides conduisent les divers groupes à leurs ouvrages respectifs. J'occupe avec le groupe de compagnie notre abri qui contient vingt couchettes, et comme j'ai peine à m'endormir, j'ai tout loisir de regarder autour de moi. L'endroit est plus froid, moins plaisant que les abris de l'autre guerre, pour la bonne raison déjà qu'en ce temps-là on logeait dans la terre et le bois, que le fer et le béton ont remplacés aujourd'hui. L'architecture est lourde et basse, comme faite par des tortues, et les pesantes portes d'acier qui se ferment, étanches, vous donnent le sentiment d'être enfermé dans un coffre-fort. Le style est sombre, souterrain, mélange d'éléments cyclopéens et de forge vulcanienne. Près de l'entrée se trouve un récipient plein d'un liquide calcaire destiné sans doute à combattre les brûlures de gaz de combat. L'air est chaud, épais, et dépose une buée humide aux murs; il sent le caoutchouc, le feu de charbon et la rouille. Comme il se corrompt rapidement, il faut que chaque sentinelle relevée actionne encore pendant un quart d'heure la manivelle d'un grand ventilateur qui presse l'air frais à travers un filtre. Entre-temps on entend les dormeurs murmurer en rêve et tomber les clapets du coffre auprès duquel est assis le téléphoniste de garde. Il répond : « Ici poste de commandement Glacière », lorsqu'un de mes groupes appelle : « Clara », « Lilas », et Limbourg. » Le grand ouvrage de l'Alcazar se nomme « Oronge », le bataillon, « Crépuscule » et le régiment « Adonis ». Ce jargon s'accorde assez bien avec l'architecture. En outre, je suis un nouveau venu dans ce régiment. Ma tâche m'est donc dictée en quelque sorte sous forme de charades que je dois commencer par résoudre.

Près de Greffern, 15 novembre 1939.

Les Français se montrent sans que nous tirions sur eux, et réciproquement. Les paysans labourent et récoltent les betteraves entre nos ouvrages. Sur la route de Rastatt qui passe à côté de mon abri, les autos roulent, transportant peut-être des commis voyageurs ou des couples d'amoureux. Ce parallélisme fait penser à l'optique des rêves, quoiqu'il soit très caractéristique de notre monde dont il renforce plutôt les traits inquiétants.

Le soir, je fus l'hôte de la villa *Faisan doré* où Spinelli loge avec son groupe. Nous eûmes de la soupe, du rôti, des légumes et même un pouding, avec de la bière et du vin. Nous banquetâmes fort agréablement dans la petite baraque en bois dont les murs nus n'avaient d'autre décoration héraldique qu'un certain nombre de casques sur une console. Spinelli est de ces hommes qui découvrent du premier coup d'œil toutes les ressources d'un milieu nouveau.

Près de Greffern, 18 novembre 1939.

Depuis avant-hier, inondations. Le Rhin coule à une grande vitesse. Le fleuve entraîne des poutres, des bouteilles, des bidons, des cadavres d'animaux.

Là où il atteint les barbelés, s'accroche en arceaux une petite et très belle plante aquatique dont la surface vert pâle est argentée par des bulles d'air : sans doute est-ce l'azolla américaine, une fougère aquatique qui par endroits s'est développée chez nous à l'état sauvage. C'est la première fois que je la rencontre en Allemagne sous cet aspect.

Parfois des chalands et de grands morceaux de ponts descendent le cours du fleuve, salués des deux rives par un feu violent. On se rend compte que les armes ne manquent pas dans cette région. S'il est permis de se montrer insoucieux sur terre, en revanche l'air et l'eau sont tabous.

Plusieurs abris, en avant de la digüe des grandes eaux, sont presque isolés et menacent d'être inondés si l'eau continue à monter. Je fais donc tenir prêts des bouées et des canots pneumatiques. De plus, les pionniers construisent des chemins de caillebotis qui ont, il est vrai, le défaut d'être visibles de l'autre rive. Nous les camouflons à l'aide de roseaux et je profite de l'occasion pour commander au dépôt du génie du bois de sciage, car je veux me bâtir une cagna en guise d'ermitage. Il faut s'installer.

Près de Greffern, 22 novembre 1939.

Le fleuve a atteint son niveau le plus élevé et commence à baisser. En parcourant les positions je vois beaucoup d'oiseaux, entre autres le héron qui pêche auprès du poste de douane de Greffern, sur un banc de gravier. Au crépuscule, les faisans sortent si nombreux de la ceinture d'aulnaies que plus d'un pré ressemble à une volière bien garnie. Le martin-pêcheur. Lorsqu'on voit ce petit animal voleter, scintillant, au-dessus des roseraies jaunies, on est tenté de se demander pourquoi la nature l'a paré ainsi qu'un joyau au milieu de ce trouble paysage. Les savants relèvent certaines survivances de la période glaciaire; peut-être en est-il aussi du temps des fées.

Carlsruhe, 28 novembre 1939.

Depuis quelques jours, je suis un cours de brève durée à Carlsruhe, et je loge au *Reichshof*, un hôtel voisin de la gare. Dormir dans un lit est fort agréable; après mon séjour dans le blockhaus, c'est pour moi une vraie jouissance. On voudrait pouvoir veiller sur son propre sommeil, pour en augmenter la durée. Dans une ville que j'organisais, je prescrivis de brûler en signe de deuil des cierges de toutes les couleurs, sauf des cierges rouges.

Le temps d'Hésiode, avant que les dieux cachassent les nourritures, est le paradis chrétien. Les premiers hommes ont vécu dans l'abondance, au milieu des éléments, et après la mort nous retournons parmi eux. Mais l'économie, la morale, la technique, l'industrie se sont écartées des éléments, leur pèsent et les rongent plus ou moins. Si le soleil prodigue ses ardeurs pendant des millénaires, dans la grande froidure des espaces universels, c'est qu'il vit dans les éléments. Chaque miracle est d'ailleurs un retour aux éléments, et chaque guérison.

Carlsruhe, 2 décembre 1939.

A l'instant où je débouche sur la place, une merveilleuse aurore. Des nuages d'or sur fond vert. La voûte du ciel, vers l'Occident, est froide, d'un vert pâle. Les grands immeubles sont encore silencieux et déserts. Dans cette lumière ils paraissent plus grands, plus clairs, leur plan spectral se dégage, la qualité en laquelle ils n'ont pas été construits pour les hommes seulement.

Le soir, obscurcissement. Les vitrines des magasins sont éclairées par de minuscules luminaires et les objets y sont présentés phosphorescents. Leur vue fait penser à des joyaux; sans doute est-ce parce que l'on croit voir en eux moins des biens réels que l'idée de ces biens.

Commencé à lire les *lettres* de Hebbel. Lecture qui, à côté de celle de ses journaux, m'a souvent fortifié et encouragé dans la vie. Il nous est toujours bienfaisant de savoir qu'une fois déjà quelqu'un a séjourné sur cette galère et s'y est conduit dignement.

Près de Greffern, 4 décembre 1939.

De retour dans le secteur. Le soir, j'ai reçu le grand sac de couchage que Spinelli a commandé pour moi. Il est recouvert de soie rouge, de sorte que je repose dans mon bloc, pareil à un mandarin en robe de gala.

Près de Greffern, 8 décembre 1939.

Le soir, un gamin d'une quinzaine d'années a été cueilli au bord du Rhin, dans les barbelés, où il s'était pris comme un merle au piège. On me l'amena dans ses vêtements déchirés et il me raconta qu'il s'était échappé de Pforzheim, « pour voir les fortifications ». Comme il me paraissait inoffensif, je lui fis donner à manger dans notre petite cantine, puis une couchette dans le bloc. Deux gendarmes vinrent ensuite le prendre, bien plus redoutables que nous autres soldats, car ils fouillèrent ses poches et lui enlevèrent ses bretelles. Lorsqu'ils se mirent en route avec le gamin, l'un d'eux se retourna encore vers moi : « Ça c'est un vrai garnement, de la graine de voyou. »

Les policiers sont étalonnés sur ce qu'il y a en nous de pire. C'est pourquoi ils ont le plus souvent raison.

Hutte aux roseaux, 17 décembre 1939.

La nouvelle de la mort du docteur Ostern m'a attristé. L'époque ne produit plus guère des natures semblables, ou ne sait plus les former. Kubin m'a envoyé de Zwickledt un petit volume de contes.

La nuit, légère chute de neige. J'ai emménagé dans ma nouvelle cabane qui sent bon les planches fraîches. Les parois sont doublées de fascines, le toit est fait de roseaux. Après n'avoir eu si longtemps sous les yeux que du béton, j'aime à voir au-dessus de moi ce chaud plafond de branchages.

Hutte aux roseaux, 25 décembre 1939

Le soir de Noël, d'abord tournée à travers tous les abris, puis repas avec le groupe de compagnie – faisans aux choux, bien faisandés dans notre soute à munitions qui nous sert en même temps de resserre de gibier.

Ce matin, longé le Schwarzbach sous le givre, avec des souvenirs d'anciens Noëls. Il n'y a qu'une chose qui ne nous quitte jamais : la tonalité de la vie, qui demeure la même depuis la première prise de conscience, comme une mélodie qui revient sans cesse et dont les cadences résonnent encore lorsque le bateau sombre.

Un oiseau de proie se détacha d'un peuplier noir, s'abattit dans un champ, puis s'éloigna en bonds tout ensemble maladroits et d'une raideur héraldique. Lorsque je le suivis, il tenta de traverser le Schwarzbach, mais tomba dans l'eau, puis réussit péniblement à monter sur l'autre rive. En m'approchant, je vis que son aile gauche avait été atteinte par une balle; du sang couleur minium s'égouttait dans la neige. L'oiseau me regarda fixement de ses yeux jaunes, d'un regard droit, hardi, dont la force était intacte. Après l'avoir longuement contemplé, je le laissai seul dans les broussailles, sans l'avoir touché.

Ma pensée : puisque tu ne l'as pas touché, il s'en tirera peut-être.

Ensuite devant un calvaire : de la couronne d'épines, le givre pendait en longs fils argentés. Les yeux avaient retenu des cils d'argent qui frémissaient doucement au souffle de l'air.

Hutte aux roseaux, 26 décembre 1939.

J'attends surtout de l'égyptologie qu'elle éclaircisse le passage des images aux lettres : c'est la clef de voûte de la différence entre l'ancien et le nouveau monde. Hérodote est une source de première importance parce que les deux formes sont vivantes en lui. Les Grecs et les Perses. César et Cléopâtre. L'Occident et l'Orient. La guerre byzantine des iconoclastes. Les Chinois font partie du monde ancien. Napoléon, comptant les fenêtres. La lettre manifeste d'ailleurs une tendance à remonter à l'image, par exemple dans ses retours vers le caractère ornemental. Elle prend, dans ces tentatives – dans les mosquées par exemple – une rigidité qui fait penser à des rêves inventés.

A l'instant, la petite chatte, auprès de moi, dans la hutte aux roseaux. Sa respiration s'élève, visible, comme un petit nuage dans l'air froid, se mêlant à mon haleine, après quoi elle nous est de nouveau infusée, comme un souffle de vie, pareille à une seule source qui nous anime. Cependant que je note ceci elle saute auprès de moi, sur la table et, d'un coup de patte, fait tomber ma plume. Petite câline, va!

Hutte aux roseaux, 27 décembre 1939.

Gel, brouillard et calme plat ont produit des fleurs de givre d'une variété magique sans précédent. Les arbres et les buissons étaient cristallisés jusqu'à leurs extrémités les plus délicates, comme des branches que l'on trempe dans une eau mère. Ils se détachaient ainsi, tranquilles merveilles, lorsque je partis ce matin pour l'ouvrage de l'Alcazar. Ils émergeaient d'un brouillard épais, chargé de neige, souvent difficiles à voir, comme des ornements blancs tracés au burin sur des plaques grises. Mais ensuite l'œil embrassait l'ensemble comme s'il eût été subitement doué d'une vue nouvelle. C'est ainsi que les lois du monde des cristaux se répétaient en grand dans le paysage qui semblait tout à coup venir à la conscience. Mais les moindres détails s'imprimaient aussi : ainsi, le matin, une menue grenaille s'était encore déposée sur la neige gelée, formant un dessin à fond de cristaux, un voile irisé, à broderies d'étoiles.

L'eau des ruisseaux coulait, noire et sans vie, à travers ce monde clair. Sa vue me fit penser à mon ancien projet de traiter le sujet *Noir et Blanc.* Mais c'est infiniment plus difficile que d'apporter du nouveau sur les couleurs, et cet essai m'apparaît comme une pièce de maîtrise pour laquelle il manque encore l'instrument.

Kirchhorst, 31 décembre 1939.

En permission à Kirchhorst. La mansarde porte déjà les marques de l'inhabité. Comme le génie du logis a tôt fait d'émigrer! Hier, le soir de la Saint-Sylvestre, Martin von Katte nous a rendu visite. Il nous a raconté certains détails de la campagne de Pologne qui, en d'autres temps, m'auraient captivé, mais notre capacité d'enregistrement est limitée. En outre, de tous temps, les événements d'outre-Vistule, lorsque je les lisais ou qu'on m'en parlait, m'ont semblé de moindre importance historique, comme s'ils se déroulaient en des pays brumeux où les contours s'effacent. Par exemple, je n'ai jamais pu me représenter le palais d'Attila, à part son aspect chaotique.

Hutte aux roseaux, 4 janvier 1940.

Rentré de ma permission à laquelle un télégramme a mis fin après deux jours. Perpétua m'apporta la nouvelle dans mon ermitage où j'étais justement occupé à regarder une belle *sternocera* de Djibouti. Je la retrouvai un peu plus tard, toute triste à la cuisine.

Comme lecture de chemin de fer, le livre de Brousson sur France. Page 16 la fameuse citation de La Bruyère : « Un peu plus de sucre dans les urines, et le libre penseur va à la messe. » En effet nous commençons à croire lorsque les choses vont plus mal pour nous. C'est alors aussi que nous accueillons des rumeurs, des couleurs, des sons, qui nous sont habituellement inaccessibles.

Hutte aux roseaux, 5 janvier 1940.

L'heure du café dans la hutte aux roseaux; je recopie mes pages de journal. Une bougie, qui provient des landes de Luneburg, est fichée sur un épais bocal à gingembre bleu qu'elle a recouvert en fondant de fils jaunes. Une auréole jaune vibre autour de la flamme bleue, une fine poussière lumineuse où se dissipe la matière.

En fait de bâtons d'encens, je me suis servi jusqu'à présent d'une espèce de couleur verte, au parfum doux et agréable, puis d'une espèce brune, en bois de santal, et enfin de bâtonnets noirs du Japon, des cendres blanches desquels se détache en lettres foncées un dicton. Dans les demeures sombres et humides, et aussi dans le voisinage des rats, on prend goût à de telles expériences.

Le caractère particulier des ouvrages fortifiés n'apparaît pas avec autant de force lorsqu'on y loge à demeure. Il ne me devint sensible que lorsque je passai hier en revue le bloc 14, près du poste de douane de Greffern, que ses occupants ont quitté. Après que j'eus à grand-peine réussi à ouvrir l'énorme porte d'acier et que je fus descendu dans la crypte de béton, je me trouvai seul entre les armes automatiques, les ventilateurs, les grenades à main et les munitions, et je retins mon souffle. Parfois une goutte d'eau tombait du plafond, ou le téléphone du secteur faisait retentir diverses sonneries. Ce n'est qu'ici que je reconnus le lieu comme le siège de cyclopes experts aux travaux du métal, mais auxquels manque l'œil intérieur, – de même que, parfois, dans les musées, on discerne le sens de certains objets plus clairement que ceux qui les ont fabriqués et qui s'en sont longtemps servis. Ainsi étais-je, comme à l'intérieur des Pyramides ou dans la profondeur des catacombes, confronté avec le génie du temps, que je voyais comme une idole, sans le reflet animé des finesses techniques, et dont je comprenais fort bien l'énorme puissance.

D'ailleurs la forme très écrasée et chélonienne de ces constructions rappelle les architectures aztèques, et non pas seulement superficiellement : ce qui était là-bas le soleil est ici l'intellect, et tous deux sont en rapport avec le sang, avec la puissance de la mort.

Hutte aux roseaux, 6 janvier 1940.

Dans la revue *Corona* que j'ai rapportée de Kirchhorst, une nouvelle, *Bartleby*, de Herman Melville, qui est mort en 1891 à New York. Quoiqu'il décrive un caractère purement passif, à la façon d'*Oblomoff*, le sujet est si bien développé que l'intérêt ne se ralentit pas un seul instant. Parmi les dons qu'un auteur peut avoir, le don de l'affabulation n'est pas le plus haut, mais son effet augmente l'efficacité de toutes les autres forces, de même que la santé accroît toute manifestation de vitalité.

Achevé la théogonie d'Hésiode. Image formidable : lorsque Uranos descend dans la nuit et étreint la Terre, Kronos lui coupe le sexe avec sa faucille dentée et le lance derrière lui. Des gouttes de sang qui tombent à terre, naissent les Erinnyes, les nymphes et les géants, tandis que le sexe retombe dans la mer et que sa chair, portée par les vagues, donne naissance à Aphrodite.

Voilà d'autres générations spontanées que les petits infusoires que nous admirions à l'Institut zoologique de Leipzig.

Baden-Oos, 8 janvier 1940.

A cinq heures nous avons été relevés et nous avons marché dans l'obscurité à travers champs et forêts jusqu'à Baden-Oos. Au départ, crampes d'estomac qui s'atténuèrent par la suite. Comme fantassin on dispose d'un des médicaments les plus efficaces : la marche prolongée.

La position de Greffern, avec ses soucis officiels et secrets, est maintenant du passé; c'est un chapitre dont on se souviendra. Aujourd'hui, on a déjà du mérite à simplement survivre. Dans ce secteur fortifié on n'entend guère de coups de feu, sauf ceux tirés sur des avions et sur les nombreux faisans et lièvres qui avaient leurs nids et leurs gîtes dans les barbelés déjà envahis par de hautes broussailles. Mais certaines coutumes régnaient; c'est ainsi que le sergent-major Köhler reçut une gerbe de balles lorsqu'il voulut escalader un arbre. De même il y eut des blessés dans le secteur voisin du nôtre parce que l'on y avait dressé une poupée en paille portant le masque de Chamberlain. Dans l'armée, le nombre des victimes d'accidents de la circulation dépasse de loin le nombre des hommes tombés sous les feux ennemis. L'un des premiers morts fut d'ailleurs un sergent-major de la compagnie de propagande qui était tombé devant le microphone.

A minuit, nous fîmes notre entrée dans une caserne, à Baden-Oos, où je dormis tout habillé, sur mon lit de camp, à cause du froid. Comme il arrive qu'en rêve les figures se détachent plus pures et plus nettes, ainsi m'apparut le type de l'*Indiscrète* dans une petite boutique d'alimentation où je faisais l'emplette d'un canard rôti. Il y avait à côté de la vendeuse deux ou trois vieilles femmes dont l'une palpait indiscrètement l'oiseau malgré mes protestations répétées. Elle le faisait sous prétexte de me donner des conseils sur la façon de préparer et de servir ce morceau de choix, mais en réalité pour se lécher les doigts et elle enlevait ainsi peu à peu toute la gelée brune et appétissante qui entourait le rôti. Finalement cette créature qui était maigre, mobile et dotée de grands yeux guetteurs comme une mouche, introduisit encore son index tordu dans le croupion de l'oiseau et en ramena un morceau de tripe dont elle se régala. Ensuite elle s'évanouit vivement, laissant sur le comptoir le canard maltraité et sans apparence. Alors seulement les autres femmes se mirent à vitupérer la créature disparue, d'où je conclus qu'elle était douée d'un pouvoir malfaisant. Ainsi donc, non seulement mon repas était manqué mais encore je me sentais oppressé par le pressentiment que cette rencontre aurait des effets néfastes.

Ettlingen, 9 janvier 1940.

Marche de nuit sous la pluie, la grêle et sur le verglas jusqu'à Ettlingen. La glace adhérait en se vitrifiant aux casques, rênes et manteaux. Les isolateurs des lignes de force étaient baignés dans le brouillard froid d'une écume de lueurs bleues. Par de telles nuits, l'esprit est tout plein du cliquetis des pas, d'innombrables brodequins à clous : c'est la petite monnaie de la guerre, une somme d'efforts et de souffrances inconnus dont le capital est engagé dans les batailles.

Wössingen, 10 janvier 1940.

A la première heure, départ pour Wössingen, en passant par Durlach, avec des coteaux de ses vignes aux reflets rougeâtres; cantonné là dans le presbytère protestant. Durant la marche régnait un froid sec que je ne me souviens pas d'avoir éprouvé avec une rigueur égale depuis l'hiver sévère de 1928 à 1929. Longeant la colonne, je vis pour la première fois une oreille gelée; la coquille était bordée de blanc comme si on l'avait entourée d'un cercle de chair de poisson. Comme il sied à un chef attentif, je fus le premier à découvrir l'accident, avant les voisins de l'intéressé et avant l'intéressé lui-même, que je fis aussitôt emmener par le motocycliste pour le mettre en traitement.

Le soir, je restai encore assis un petit moment avec le lieutenant-colonel Vogler, en compagnie de la femme du pasteur et de sa fille, le pasteur lui-même étant en voyage. Néanmoins l'on sentait la présence de son pouvoir dans toute la maison. Il y a deux sortes de disciplines : l'une qui agit du dehors comme une substance caustique et qui durcit l'homme; une autre qui rayonne d'un noyau vers l'extérieur ainsi qu'une lumière, et qui, sans rien lui retirer de sa douceur, rend l'homme intrépide. Pour obtenir la première nous avons toujours besoin de maîtres, mais la seconde naît souvent en nous comme une semence.

Les registres paroissiaux qui sont conservés depuis 1960. Dans l'un d'eux on trouve cette curiosité : une servante, après avoir porté jupes pendant plus de quarante ans, en mit une autre enceinte, devint un homme et atteignit un grand âge.

Relation amusante sur un de mes prédécesseurs qui fut cantonné ici et s'y conduisit comme une sorte de Falstaff. C'est un type que les guerres produiront toujours et les mêmes apparitions l'entourent : serviteurs roués et voleurs, oies grasses, filles légères, beuveries et jeux de cartes.

Flehingen, 11 janvier 1940.

Par le même froid aigu, en route vers Flehingen et Sickingen, deux villages où nous devons séjourner quelque temps et que notre chef de corps, dans son dépit devant de tels cantonnements, a surnommé « Pouilles et pouah »! Là où le train ne réussissait pas à traverser les montagnes enneigées, la colonne se rompait en petits groupes qui poussaient les voitures. A Flehingen, en cantonnement chez le curé avec lequel je m'entretins assez longuement.

Flehingen, 14 janvier 1940.

Un dimanche froid que je passe au lit avec un accès de grippe. Lu : *Le Bouclier d'Hercule,* que l'on attribue à Hésiode. Les chants des boucliers sont des miniatures de l'univers tel que le voyaient les anciens. Le regard plonge en quelque sorte d'une grande hauteur sur la création, infiniment réduite et vue pourtant avec une netteté rare. Ainsi s'explique la variété dans un espace des plus réduits, que l'on attribue à des artifices de forgeron divin. L'expression et l'énoncé même ont donc un caractère métallique; la langue décrit la création comme frappée dans l'airain avec une densité et une netteté suprêmes.

Ensuite la Bible dans la traduction de Henne que mon logeur m'a prêtée. Etrange, que le temps de Moïse paraisse plus ancien que celui de Jacob et de Joseph, ce qui tient certainement à l'action pétrifiante de la Loi. La disjonction par la Loi, qui n'a sans doute été possible que grâce à des initiations égyptiennes et à la connaissance d'antiques procédés de momification, durcit la vie qui devient un « serpent d'airain ». Au contraire, dans les histoires de Joseph, tous les rapports de la vie dans toute son ampleur se manifestent très clairement. C'est le sens de l'histoire primitive en général : de représenter la vie hors du temps, alors que l'histoire la montre dans son déroulement, liée au temps. L'histoire primitive est donc toujours celle qui nous touche au plus près, l'histoire de l'homme en soi.

Flehingen, 15 janvier 1940.

Jeûne. Pendant la nuit, violents troubles cérébraux, et la fièvre qu'ont provoquée les marches. Ai quand même pris le service de bonne heure et suis parti avec les autres. En marchant je fais toujours chanter mes hommes, ce qui leur profite comme à moi-même. Tous les moyens rythmiques sont des armes contre le temps et c'est au fond contre lui que nous luttons. L'homme lutte toujours contre la puissance du temps.

Après-midi, réunion des officiers au régiment, à Bretten. Le colonel m'apprit que l'on m'accordait le reste de ma permission interrompue et que je serais chargé ensuite de l'instruction des groupes de reconnaissance du régiment.

Kirchhorst, 18 janvier 1940.

Depuis hier de retour à Kirchhorst, où Perpétua me gâte avec toutes les ressources de son art de ménagère. La maison est bien pourvue et par surcroît il est encore arrivé des escargots d'Ueberlingen, en souvenir des goûters aux escargots que nous y prenions avec Friedrich-Georg et Mezger et dont le dernier eut lieu le Mercredi des Cendres. Ils sont encore préparés à la façon du brave Feuchti qu'un coup de sang a étendu à terre, voici deux ans, pendant le carnaval alors qu'en costume d'eunuque, il montait la garde devant les tonnelles, ce qui nous a privés d'un des rares chefs qui savaient encore ce qu'est la cuisine. Comme les Souabes se plaisent à tout amenuiser délicatement, il dit à sa sœur, lorsqu'elle le trouva, qu'il venait de recevoir « un petit coup ». Ce fut sa dernière parole. Mais son esprit lui survit dans les recettes qu'il a laissées.

Le froid a repris, de sorte que je me confine dans la maison, plongé dans les notes des Goncourt sur Gavarni, dans le *Coffret aux trésors* de Hebel et dans l'histoire du prince japonais Genji. Je me suis aussi occupé un peu de la collection, et l'idée m'est venue de décrire un jour l'espèce *sternocera,* à la fois d'après les méthodes scientifiques et à la manière d'un bijoutier. Pièces d'apparat de la nature.

La conduite d'eau est gelée depuis plusieurs jours, et voici que la pompe de la buanderie cesse à son tour de fonctionner. Dès sept heures du soir, le thermomètre que j'avais placé à la fenêtre de la salle de bain marquait déjà moins vingt degrés. Il semble que cette année s'annonce extraordinaire même au point de vue purement élémentaire.

Kirchhorst, 25 janvier 1940.

Lecture : Hasper, *Sur les maladies des pays tropicaux,* Leipzig 1831, qui se trouve depuis longtemps parmi mes livres. J'aimais autrefois à acheter de tels ouvrages. Contient de bonnes descriptions de la vie dans les contrées marécageuses, de certaines régions de la côte de Guinée par exemple, d'après la relation de Lind. Forêts inondées, noyées dans la vase, où des myriades d'insectes éteignent les lumières de leurs élytres et où le concert du petit gibier trouble le sommeil. L'air est corrompu, épais, et si chargé d'odeurs de pourriture que les torches menacent de s'éteindre. Même la voix humaine perd son timbre naturel.

« Il faut savoir gré aux capitaines des mers des Indes de permettre sur leurs bateaux de ne faire circuler la bouteille de vin que six fois après le repas. »

Le mouvement des épidémies ressemble à un cortège d'êtres démoniaques. « Après que cette maladie eut sévi pendant cinq ans dans l'Hindoustan et le Deccan et eut fait périr des hommes sans nombre..., elle se tourna en octobre 1821 vers l'Ouest, poussant jusqu'à Chiraz, en Perse, où elle emporta en huit semaines soixante mille hommes et ensuite elle se manifesta à Bassora, Bagdad, Moscat et Alep, en Syrie. »

Le coup de vent, que l'*Asiatic Journal* de 1822 fut le premier à mentionner en Europe, proviendrait de courants d'air surchauffé qui foudroient ceux qui les rencontrent. On suppose qu'il y a entre certains groupes de falaises des foyers lumineux où les rayons solaires produisent une ardeur telle qu'elle est capable de décomposer les poumons. Dans les Indes orientales on nomme ce coup de vent « la », ce qui correspondrait au « loh » persan et au « lohe » allemand.

En route, 29-30 janvier 1940.

Retour. A l'heure de ce départ, j'eus le sentiment de m'acheminer vers des événements exceptionnels, proches et inconnus qu'aucune imagination ne peut deviner. Lorsque le train démarra, Perpétua se mit à pleurer et descendit en courant l'escalier sombre tandis que je sortais lentement du couvert de la gare.

A Northeim, je vis le coucher du soleil, incandescence pâle sur le ciel gris, au-dessus d'un brouillard de neige. Dans ces grisailles désertiques la couleur brille mystérieusement comme un principe différent et supérieur. Souvent elle semble rayonner dans les atomes, comme on le voit dans la perle, la nacre et les opales. Le gris s'embrase en elles et prête à la couleur une profondeur chatoyante – non pas la profondeur de l'espace, mais celle de la magie qui amène à la surface les trésors cachés de la matière. C'est cette image qui fait le prix de la perle; ce sont les points où nous reconnaissons qu'un objet de la grosseur d'un petit pois peut réceler une valeur infinie.

*

Carlsruhe. La nuit, entre deux et quatre heures, dans la salle d'attente, lecture des *Consolationes* de Boèce. La foule dans le grand hall. Permissionnaires, cheminots, ouvriers de l'équipe matinale, des ivrognes aussi et quelques femmes, grises, usées, souffrant comme en rêve. Très étrange de voir rire l'un d'entre eux.

*

Au presbytère, j'appris que la troupe était dès hier remontée en ligne. Sommeil court dans une chambre froide, puis en route pour Rastatt. Les compartiments de non-fumeurs sont toujours moins garnis que les autres : un ascétisme même inférieur procure de l'espace aux hommes. Lorsque nous vivons en saints, l'infini nous tient compagnie.

Hutte aux roseaux, 31 janvier 1940.

Après un bref séjour au presbytère de Stollhofen j'ai réoccupé avec ma troupe nos anciennes positions de l'arc du Schwarzbach, en sorte que j'ai réintégré ma hutte aux roseaux.

Hutte aux roseaux, 2 février 1940.

Rêve. Debout à mi-jambes dans une eau courante, j'écartais de moi, en m'aidant de deux faibles badines, une créature où le corps d'un rat se reliait à une tête et à une queue de serpent. Je réussissais à la tenir en suspens de telle sorte que le courant ne la poussait pas contre moi, mais de temps à autre de petits parasites noirs s'en détachaient et glissaient à tâtons en passant auprès de moi. Enfin un coup de gourdin assené par-dessus mon épaule claqua dans l'eau et me délivra de cette situation en donnant le coup de grâce à l'animal qui partit à vau-l'eau, le ventre en l'air. Le coup avait été porté par un paysan qui était assis derrière moi, en manches de chemise, dans l'herbe du rivage, et qui me fit un signe de tête d'un air bonhomme. Au lieu de le remercier, je me détournai de lui, après lui avoir crié :

« *Don't disturb me!* »

Me réveillant, je reconnus l'authenticité de l'image, car souvent déjà dans la vie, la part que j'avais prise à la situation où je me trouvais avait été si ardente que j'en oubliais presque le caractère répugnant des inimitiés qu'elle entraînait.

Cela me fait penser à mon frère, le physicien, qui m'a raconté un jour qu'un coup de feu l'avait tué dans une bagarre de rêve, mais que la curiosité de connaître l'issue de cette rixe ne lui avait pas laissé de répit, même dans la mort. Mais ne disposant plus pour se rendre compte de l'instrument des sens, il se plaça en esprit derrière un des survivants et, se servant de lui comme de lunettes, il regarda au travers.

*

De la désinvolture. Il faudrait encore citer le mot *gracious* dont l'équivalent nous manque aussi. La grâce conjuguée avec la force est trop rare chez nous pour produire des mots particuliers, et cette raideur nous a souvent fait manquer, au cours de l'histoire universelle, les plus beaux titres de gloire. Aussi les exceptions, par exemple certains Hohenstaufen, restent-elles vivantes dans le souvenir presque comme des êtres magiques.

*

De bon matin, les hommes apportèrent un chevreuil qui s'était accroché dans les barbelés. L'animal se tenait entre nous, apparemment sans crainte, teignant la neige de son sang, et je remarquai avec quel calme, voire quelle intelligence, il semblait souffrir. J'eus ensuite dans la hutte aux roseaux un entretien téléphonique et lorsque je reparus, la bête était déjà vidée et pendue à l'étançon. Le planton, interrogé, me répondit :

« Si nous l'avions laissé en liberté, d'autres l'auraient pris et saigné. Au moins nous aussi nous avons quelque chose. »

Ce « nous aussi », par rapport aux bouchers imaginaires, me parut d'une dialectique si réussie que je m'en tins là.

*

L'après-midi, à travers une neige épaisse, à Stollhofen. A droite, j'entendis, pour la première fois de cette guerre, un tir qui me donna l'idée de m'abriter. Le feu contre un seul bloc résonne dans l'étendue du paysage de façon très précise et presque ponctuelle. On distingue plusieurs cadences : les cadences rapides, fluides, d'un groupe de mitrailleuses et dans les intervalles, plus lente, plus puissante et plus rauque, la besogne des armes lourdes, capables de briser le blindage. A quelque distance on remarque à peine l'escarmouche, comme s'il s'agissait d'un simple accident de circulation.

Hutte aux roseaux, 3 février 1940.

Le matin. à Stollhofen, chez le maire, pour réclamer l'ouverture de la maisonnette du garde-digue, qui à la suite de la nouvelle délimitation, se trouve située dans mon secteur. Sur le chemin du retour, un oiseau inconnu au cou mince et à la longue queue me survola. Si nombre d'animaux, comme celui-ci par exemple, nous paraissent absurdes, c'est par une déformation due au changement de perspective; cela montre combien notre point de vue est différent de celui du Créateur.

Il me semble aussi que les constellations, telles que nous les voyons, forment des figures excentriques et qu'il est des points dans l'univers d'où l'harmonie des mondes doit être visible dans son ordonnance suprême.

Hutte aux roseaux, 4 février 1940.

Hier soir, après une bouteille d'Affentaler Klosterrebberg de 1921 qui se buvait facilement, j'eus comme buveur solitaire ma première pointe de vin dans cette cabane, de celles après lesquelles on se réveille mieux portant et plus satisfait. De plus, ce vin me procura durant toute la nuit de façon légère et agréable des images claires à fond colorié. Le vin seul réussit de tels tours de force, encore ne sont-ce que les crus les meilleurs et les plus purs; ils ressemblent à des clés dont tout le monde ne sait pas se servir. Je me rappelle encore un Parempuyre que j'ai bu avec mon père, mais surtout un léger vin blanc de pays qui nous fit passer la nuit à Carcassonne et qui nous égaya en quelque sorte jusqu'à la moelle. Lorsque j'en voulus commander un fût, j'appris que ce cru perd son arôme à peu de distance du sol qui l'a produit. Un tel vin ressemble à une trouvaille, à un ami, autour duquel il faut s'empresser lorsqu'on atteint l'âge où l'on ne boit plus au hasard.

Hutte aux roseaux, 7 février 1940.

Le dégel persiste. Après-midi, dans le secteur de nos voisins de gauche, une violente fusillade de mitrailleuses a éclaté sur trois tons; elle reprit plusieurs fois. Des balles vinrent se perdre près de Greffern, sur notre flanc gauche. Il est temps que je fasse remplacer par des fascines les chemins de ronde qui sont complètement noyés dans la vase. La hutte aux roseaux, elle aussi, aurait besoin d'une ceinture de sacs de terre.

La nuit, un ballon captif monte souvent, en face, avec une lumière qui ressemble à une étoile rouge. Lorsqu'on le ramène, la nacelle est parfois éclairée d'en bas et les sentinelles de l'Alcazar ont entendu le bruit du treuil où s'enroulait le câble. Les Français ont camouflé hier et aujourd'hui la rive boisée qui est en face de nous au moyen de garnitures de roseaux. Bien des signes font ainsi prévoir que la fin de l'idylle approche dans ce secteur.

*

Achevé *Ludwig Devrient* d'Altmann, cadeau de Noël de mon frère physicien, qui contient nombre de détails nouveaux sur Hoffmann et sur la vie chez Lutter et Wegener. Ici a prospéré pendant quelques années un des rares cercles à propos desquels on peut parler d'une culture de l'ivresse, tandis qu'il faut plutôt chercher dans la cave d'Auerbach le modèle des endroits où nos buveurs se plaisent à banqueter. Ainsi le grossier Grabbe ne fréquentait-il pas ce milieu.

On y trouve aussi des vues significatives sur l'essence de l'ivresse elle-même, par exemple dans cette remarque de Hoffmann que le vin ne fait pas *naître* les idées chez le buveur, mais qu'il en favorise le mouvement. Il compare l'imagination à la roue d'un moulin qu'active la crue du fleuve : la machine tourne plus vite et plus brillamment lorsque le buveur verse du vin. Ceci répond à ma propre expérience : l'ivresse n'additionne pas, elle multiplie. Et même il arrive qu'elle rapetisse en fonctionnant.

Parlant de l'art de la parole dans le jeu, l'auteur fait cette remarque exacte qu'il peut y avoir un sens plus haut de la langue lorsque le mot, s'élevant au-dessus de son sens immédiat, prend un sens affectif. Sauf que je voudrais nommer cela plutôt le sens plus *profond* du mot : la langue plonge dans la pure signification sonore, dans l'alphabet de la passion. Mais il y a d'autre part une sphère supérieure où le mot devient également indistinct, se dilue dans le pur éther. C'est-à-dire qu'il se fond en quelque sorte aux degrés extrêmes des sens et de l'esprit. Nous n'y avons part que dans sa position moyenne : en tant que monnaie qui a cours entre les hommes.

Très juste aussi la remarque sur l'expression la plus forte de la passion, où les sons s'inversent et où l'effroi est traduit par une expression de joie grimaçante. A ce changement répond l'attitude du public, qui n'éclate plus en applaudissements, mais qui reste silencieux et immobile, saisi par l'envoûtement. D'après tout ce qui nous a été rapporté, Devrient semble avoir eu une puissance qui se manifeste fort rarement.

Question de style : « Il arrivait aussi, cependant, que la mimique excessive de ses doigts lui rapportât bien des critiques. » L'impression de faute dans la construction résulte ici d'une surcharge, car l'imprécision affecte et la principale, et la subordonnée, de sorte que ce double éclairage crée un faux-jour logique.

Dans la citation tirée de la traduction de Térence, p. 186 :

« Et c'est ainsi, vidant verre après verre,
que cette journée passera dans les délices »,

il manque à la phrase au participe le rattachement au sujet grammatical. Faute difficile à déceler, mais qui ne devrait jamais entacher une bonne prose.

*

On louait aussi chez Devrient sa façon de prononcer les apartés, vraiment pour lui-même, et non pas à l'adresse des spectateurs. C'est là non seulement un don d'acteur, mais un trait propre à tout artiste-né. Les mots et les œuvres sont des dialogues et des monologues que l'auditeur épie. Le rôle du public n'est pas conforme à l'apparence grossière : il n'est pour l'artiste que prétexte à exercer son pouvoir artistique, non pas le but de ce déploiement. Néanmoins son rôle est fort important, par exemple en ce qui regarde la qualité du témoignage.

Hutte aux roseaux, 12 février 1940.

Allongé sur ma couchette et regardant fixement mon plafond de roseaux, je me suis souvenu à l'instant de la journée que j'ai passée avec le magister à Ségeste. Ce n'est pas à la vue des colonnes de ce temple que j'ai soupçonné ce qu'étaient les Grecs, mais grâce aux nuages que je voyais dans leurs intervalles, lorsque j'étais debout sur ses degrés.

C'est ainsi qu'il faut lire la prose : comme à travers une grille.

Hutte aux roseaux, 13 février 1940.

Vers le matin il fait frais dans la hutte aux roseaux. Quoique je sois protégé par trois couvertures et, à l'intérieur du sac de couchage, par mon manteau, le froid gagne peu à peu le corps jusqu'aux pouls, et après un moment de sommeil agité j'allume la bougie sur l'étagère. Sa lueur éclaire le plafond, qui est fait de plusieurs couches de ces longs roseaux jaunes que l'on trouve ici dans les creux humides et au bord des étangs. Nous employons sa haute paille noueuse à tant d'usages qu'elle prête à notre position un certain pittoresque. Mais surtout elle nous sert à camoufler les routes et les voies d'accès, qu'elle masque et souligne à la fois par de longs paravents. Les rives du Rhin sont également masquées de part et d'autre par ces contrevents de roseaux. Enfin ces chaumes minces servent à recouvrir les parois et les toits de toutes les constructions qui ne sont pas, comme les abris, destinées au combat : tels les feuillées, les postes des sentinelles et les cabanes où les hommes font leur cuisine ou leur lessive, entretiennent leurs armes, et qui, semblables à des nids ou à des tonnelles, ne sont que légèrement adossées au béton des ouvrages. Tandis que les abris et les barbelés donnent dans ce paysage d'hiver une impression de pesanteur, les lisières et les baraques jaunes lui prêtent un aspect de légèreté et de liberté. On dirait un monde habité par des oiseaux intelligents.

A côté de la bougie est posé un livre dont je parcours quelques pages; c'est le plus souvent la Bible, et ces jours-ci Boèce. D'autres livres, entre autres des règlements de tir et de combat, sont alignés sur une longue planche fixée au mur, sous mon plafond de roseaux. Au-dessus de mon lit sont accrochés pistolet, masque à gaz et jumelles. Les parois de bois brut n'offrent d'autre ornement qu'une carte de la position. A signaler encore la table couverte de nombreuses cartes et paperasses, à côté d'une banquette et d'un téléphone, ma cantine et le petit poêle, dans son coin roussi par la chaleur qu'il dégage. A côté, de petits rondins d'aulnes que j'ai fait couper le long du Schwarzbach. Leur bois est brillant, avec de claires cicatrices et des entailles qui tournent au rose et au jaune; la chaleur du poêle dégage d'eux un parfum qui rappelle les heures chaudes d'été dans les marais.

Peu avant huit heures, Rehm entre et allume le feu. Il verse ensuite l'eau et pendant que je fais ma toilette et que je me rase, il me tend les objets dont j'ai besoin, toujours attentif, me prévenant d'un instant, comme s'il assistait à un acte solennel. Cependant, le reste de l'eau commence à bouillir et sert à l'infusion du thé. Suit le déjeuner avec des petits pains et du beurre achetés à Greffern; puis c'est l'heure du travail.

Je lis le compte rendu de l'officier et du sous-officier de service à la position; les permissionnaires et les détachements de travailleurs se présentent pour prendre congé. A côté de la hutte aux roseaux il y a une seconde construction toute semblable, où le chef du groupe de compagnie assure son service, le matin, en sortant du blockhaus. A midi le sergent-chef, venant de Stollhofen, se présente lui aussi avec des ordres et des papiers à signer.

Pendant le petit déjeuner, Rehm a écarté le camouflage de ma lucarne; comme tant de fois déjà dans ma vie, je regarde les entrelacs et les hérissements d'un barbelé, qui sont avec les explosifs et les éclats d'obus des symboles de notre temps. Au-dessus, à l'arrière-plan, luit le clocher de l'église de

Stollhofen, et lorsque je m'approche des vitres, mon œil accroche en même temps l'église de Schwarzach, puissante bâtisse brun rouge qui est située derrière nous. Elle semble énorme pour un si petit village; en effet elle a été conservée comme vestige d'un couvent depuis longtemps détruit. Parfois, lorsque j'ai affaire à Schwarzach, je monte à travers des greniers délabrés et par un dédale d'escaliers au sommet de sa tour où la batterie qui surveille mon secteur a son observatoire. On y est fort bien installé; un poêle électrique chauffe la petite chambre de guet aux murs de laquelle sont fixées des tables de tir, des plans de feu, des abaques, et par la lucarne de laquelle on peut voir par temps clair la cathédrale de Strasbourg.

Le plus souvent il est dix heures, ou même plus tard, avant que j'entreprenne la tournée des positions. Après avoir visité l'abri de la ligne de repli, j'aborde le circuit par l'accès au pont de l'Eléphant, sur le flanc droit. Les sentinelles et les chefs de poste me rendent compte selon leurs consignes et parfois – le plus souvent avec une intention précise – je pénètre dans l'un ou l'autre des ouvrages. Tantôt je contrôle si les grenades à main sont bien à leur place, tantôt si les portes ferment hermétiquement, tantôt si les armes sont pointées sur les objectifs prescrits et si les livres de bord des abris sont tenus à jour d'après les modèles réglementaires. J'arrive ainsi, par l'abri du chef de section, jusqu'à l'ouvrage 3, avec ses deux tourelles, et de là au gros ouvrage fortifié de l'Alcazar qui est situé presque à l'extrême gauche. Durant ma tournée, les chefs des sections de pionniers et de travailleurs employés dans mon secteur me font leur rapport, ainsi que les deux sous-officiers qui sont spécialement chargés de l'aménagement des positions et de l'observation de l'ennemi.

Comme l'autre rive est très boisée, on ne voit pas grand-chose des Français, sauf un poste avancé que nous avons surnommé le « Grand Camouflage ». C'est une construction dont nous distinguons mal le genre et la force parce qu'elle est complètement entourée d'épaisses nattes et de branches de sapin. Mais le poste est occupé par un effectif important, ainsi qu'il ressort du nombre de sentinelles qui se montrent de façon insoucieuse; en outre, des bouffées de fumée de tabac s'échappent d'entre les parapets verts.

Enfin, autant que possible vers midi, j'ai accoutumé de passer à la cuisine, qui est située dans le bureau de douane de Greffern. Il s'agit ici de contrôler la bonne conservation, la qualité, la préparation et la quantité des aliments, ce qui donne lieu à bien des remarques.

Au retour j'emprunte la tranchée de Tolède qui mène de l'Alcazar, en passant par les champs découverts, jusqu'au poste de combat. Ce chemin est désert, car il traverse des prés inondés, où l'on ne peut suivre le sentier qu'en bottes de caoutchouc. Néanmoins c'est la partie de mon trajet que je préfère et je regarde la demi-heure que j'y consacre comme ma propriété. C'est le seul moment dont je jouisse dans une complète solitude et qui me rappelle ma vie des années précédentes. Aussi est-ce pour moi l'occasion de reprendre mes projets interrompus.

Par la variété de sa végétation, ce trajet est assez propre à ordonner les pensées autour de certains thèmes, puis à les dissiper. La piste longe de vieux saules dont les souches creuses sont à demi cachées dans les roseaux jaunissants, et elle débouche par endroits sur des champs de maïs et de tabac qui n'ont pas encore été moissonnés. Ces plantations alternent avec les hautes touffes sèches de topinambours dont les racines bulbeuses servent de fourrage. Les lourdes betteraves blanches, dont le quart supérieur, émergeant de la terre, est rosé par le soleil, servent au même usage. On commence par recueillir leur feuillage vert, ensuite on les entasse sur place en petits silos que l'on entame en hiver au fur et à mesure des besoins.

Parfois je m'arrête pour observer à la jumelle les animaux qui sont cachés dans la campagne déserte. C'est ainsi que le vanneau s'élève en criant des bords des parties inondées, sur les îlots desquelles de noirs essaims de corneilles se rassemblent. Dans le fourré des obstacles dont le labyrinthe accompagne le front sur une grande profondeur et qui sont tout recouverts d'herbes sèches, des compagnies de perdreaux et de faisans se sont nichées, qui s'envolent en battant des ailes sous le pas du promeneur. Magnifique est surtout le faisan qui monte comme un jouet dans le chatoiement de ses bronzes coloriés, avec sa longue queue qui ondule au vent. Il arrive aussi que des chevreuils pénètrent dans le fourré d'aulnes du lit du Schwarzbach, tandis que les rapaces guettent sur les cimes dépouillées des peupliers. Ils semblent surtout épier les taupes que le peu de profondeur des eaux souterraines oblige à creuser leurs galeries bien près du jour. Aussi sont-elles une proie si commune que les oiseaux, après avoir becqueté les entrailles, dédaignent les fragments de côtes rouges que l'on voit briller sur les terriers solitaires.

Par le pont central du Schwarzbach, je retourne au poste de combat. A cette heure-ci Rehm a coutume de me guetter, et lorsque j'ouvre la porte, la soupe fume déjà sur la table. Ce sont le plus souvent des pâtes, de l'orge, des choux, du navet ou du riz, exceptionnellement aussi des lentilles, un plat de goulache ou une tranche de viande. Comme j'ai accordé le droit de chasse à mon chef de section, un garde général des forêts, notre soute à munitions contient parfois un peu de gibier que nous réservons pour nos petites fêtes.

L'après-midi est le plus souvent consacrée à de petites questions de service et à la guerre du papier. Parfois la hutte aux roseaux se transforme en un tribunal où je procède à la lueur des bougies à de minutieux interrogatoires. Ce sont toujours les mêmes délits : dépassement des délais de permission, absence non autorisée, pour aller boire dans les petites auberges des villages voisins ou y rencontrer des filles, et manquements aux consignes de garde. La guerre des nerfs met les hommes dans un état très proche de la captivité, où le simple écoulement du temps est déjà ressenti comme une souffrance. En essayant d'échapper à cet état ils se mettent facilement dans leur tort.

Certains après-midi, je m'accorde un congé, avec un bon café que des amis m'ont envoyé en portions toutes moulues. Sur l'accoudoir de la fenêtre, pinsons, mésanges bleues et linots picorent les débris du gâteau dont un petit rat couleur de rouille explore les dernières miettes. Cet animal niche dans la doublure de roseaux de ma cabane et chaque fois qu'il rejoint son nid, il est salué par les pépiements joyeux et aigus de sa jeune portée. Du côté où la cabane est adossée au bloc, les taupes – que Rehm appelle des « marmottes » – sont dans leur domaine : transporteurs remuants et fouilleurs de fardeaux, elles font un vacarme qui semble excéder de beaucoup les forces de bêtes aussi menues.

Ainsi arrive l'heure agréable qui nous apporte ici, en même temps que le repas du soir, le courrier. La section dont c'était le tour d'aller se baigner à Schwarzach arrive également : les hommes sont le plus souvent un peu gris, mais ce désordre est licite puisque, aux termes des instructions reçues à la compagnie, il y a lieu de prévoir un arrêt à l'auberge pour éviter des refroidissements après le bain chaud.

Pour le dîner, Rehm dresse des chandelles de cire qui répandent un parfum agréable. Je me plonge ensuite longuement dans les livres, car en dehors de la correspondance, la lecture est la seule de mes occupations habituelles que j'aie pu reprendre ici. Les premiers temps je buvais du thé vers cette heure-ci, comme j'en avais l'habitude chez moi, mais je me suis rendu compte que le vin rouge s'adapte mieux à une vie aussi proche de la terre. Ainsi ai-je fait la connaissance du bourgogne allemand contre lequel j'avais, de même que contre le caviar allemand, des préventions injustifiées. Dans ses meilleures années, ses meilleurs crus et ses meilleurs ceps, ce vin a un feu capricieux que les coteaux plus méridionaux sont incapables de produire.

Naturellement, cette heure-ci encore, comme les vingt-quatre heures de la journée entière, est subordonnée au service, et le loisir ressemble ici à celui d'une araignée dans son filet. Dès qu'en un point quelconque un contact se produit ou qu'une observation est enregistrée, le téléphone bourdonne. Vers onze heures arrivent les coureurs des sections et à minuit le rapport du matin est envoyé au bataillon.

C'est la fin de la journée, à moins d'une dernière tournée nocturne à travers le secteur.

Hutte aux roseaux, 13 février 1940.

Achevé les *Consolationes* de Boèce dont j'avais commencé la lecture à la gare de Carlsruhe, entouré d'ivrognes. Le point culminant de l'œuvre est la définition du rapport entre le libre arbitre et la providence divine. Boèce situe le libre arbitre dans le temps, la providence dans l'éternité. Comme nous vivons dans ces *deux* éléments, nos actes se déterminent librement et sont néanmoins préfigurés dans tous leurs détails. L'homme qui agit est ainsi soumis à deux instances, dont l'une est infiniment supérieure à l'autre. Nous avons beau nous mouvoir librement, nous demeurons dans le cadre supérieur. En toutes choses l'éternité est merveilleusement contenue ainsi qu'un condiment.

Cette vue est un des points extrêmes, un des caps où est parvenue la pensée humaine. Kant renouvelle logiquement la distinction théologique; sa vérité qui broie tout est donc la vérité tout court. Au fond, il n'y a pas de vérités nouvelles : la nouveauté serait en l'occurrence une qualité contradictoire.

A la lecture j'ai noté certains rapports avec Tolstoï, en particulier avec son étrange préface de *La Guerre et la Paix.* Tolstoï examine ce fait que l'homme, en tant qu'individu, agit librement et que néanmoins ses décisions s'insèrent dans une statistique immuable. C'est ainsi que le nombre des suicides ne varie presque pas d'une année à l'autre; seuls les mobiles changent. Plus est grand le nombre de libres décisions additionnées, plus se réduit la part de libre arbitre qui entre dans ce total. Ceci permet de conclure à l'inverse que la volonté de l'individu contient un facteur inconnu qui se manifeste dans les décisions de l'espèce. D'après Tolstoï, notre libre arbitre est d'autant plus restreint que nous l'appliquons à un domaine plus important.

En ce qui concerne d'ailleurs la consolation de Boèce, je crois qu'elle ne peut d'aucune manière restreindre le domaine de la souffrance. Il faut que nous éprouvions la souffrance jusqu'au bout. Mais tandis que, dans les régions inférieures de la vie, son pouvoir s'exerce de façon chaotique, le contact avec la grandeur et avec la noblesse lui impose une forme. La consolation l'introduit dans une cage dorée, ou mieux dans un autel dont la valeur est plus haute que tous les dommages que peut subir par son fait une brève vie d'homme.

Aussi la consolation que Boèce s'est dispensée a-t-elle gardé son efficacité et cet effet temporel n'est qu'un reflet du gain supérieur que définit ce beau vers :

La terre vaincue nous donne les étoiles.

Hutte aux roseaux, 14 février 1940.

Dix-huit degrés au-dessous de zéro pendant la nuit. Quoique je sois tout habillé et couché avec mon bachlik sous les couvertures, je me suis levé vers quatre heures du matin et j'ai allumé du feu dans ma cabane.

Auparavant j'étais entré dans un splendide magasin où l'on vendait, comme dans nombre de boutiques de la Chiaja de Naples, des matières précieuses de la mer, telles que de l'écaille, des coraux et de la nacre. Je visitais la section paléontologique dont les vitrines de cristal contenaient des pétrifications choisies, chefs-d'œuvre de la nature ciselés par les millénaires. Il y avait là des pièces merveilleuses; sur fond de velours bleu, des trilobites d'or pur, des poissons d'un minerai vert et violet, des coquillages aux côtes saillantes brillaient d'un éclat irisé. Auprès de moi, le prince Pignatelli choisissait des dalles de marbre pour son hôtel. Il les voulait de la couleur des socles, sous les colonnes de bronze du Bernin, dans l'église Saint-Pierre, et dans chacune d'elles devait être enfermée la veinure de quartz d'une pousse de crinoïde.

Tandis qu'il composait ses dalles ainsi qu'un jeu de dominos, je soupesais dans mes mains un mince calmar qui ressemblait à une flèche de marbre couleur rose thé. Le plus extraordinaire de cette pièce, c'est que l'on y voyait, conservées dans la pierre, les taches rouges qui chatoient du vivant de la bête et qui pâlissent dans la mort, ainsi que l'iris vert de ses grands yeux. Mais je me demandais si je ne lui préférerais pas la carapace d'un crocodile pétrifié dans du jade vert pâle. La pétrification était réussie de façon si artistique que chaque écaille se mouvait comme sur des charnières et qu'un tintement argentin se faisait entendre lorsqu'on levait la carapace.

Je demeurai longtemps devant cette alternative, puis le froid m'éveilla. Et lorsque, pareil à Cendrillon revenant du bal, je m'accroupis devant mon poêle, je me dis : tu célèbres chaque nuit de telles fêtes, mais ce n'est que rarement qu'un réveil subit te permet de t'en rendre compte. Je me dis encore : notre richesse est infinie parce qu'elle réside dans les atomes. Nous descendons comme par des puits dans la profondeur de nos galeries de mines.

Hutte aux roseaux, 15 février 1940.

Contre la paroi de la hutte, à côté du fourneau, tandis que je lis le cahier de rapports : une forme grise, lisse comme une peau d'âne, qui se compose d'un col de serpent gonflé à son extrémité coupée, et d'une tête de serpent qui se transforme au-dessus des mâchoires armées de dents aiguës en un crâne humain. Elle est fixée par l'encolure à un gros clou et comme resserrée par une pince. Du cou et du menton retombe un rebord de nageoires; on devine qu'un corps étrange et inconnu a porté ce cou.

Parce que je n'ai jamais vu un être pareil d'aussi près, aussi nettement et en pleine conscience, je le dessine aussitôt à traits rapides sur un bloc-notes que j'ai sous la main et, ce faisant, je découvre dans son anatomie des finesses de détail que mon crayon mal exercé ne réussit pas à reproduire. Je remarque encore une expression de souffrance, mécanique, sourde, et perdue en elle-même qui doit être propre à ces sortes de créatures.

Je m'en approche ensuite et tout se transforme en un chiffon de laine grise suspendu à un clou, à côté du poêle, et qui sert à essuyer la vaisselle.

Hutte aux roseaux, 22 février 1940.

Hier, pendant la nuit précédant la relève, le secteur a reçu les premiers feux. Dans mon demi-sommeil j'ai d'abord entendu des coups de fusil et des détonations qui me parurent d'une proximité suspecte; j'appris ensuite en appelant les chefs de section qu'il s'agissait de feux de harcèlement dans l'arc de Greffern.

Aussitôt après, le chef de poste de l'Eléphant m'avertit qu'il avait reçu des projectiles et me demanda l'autorisation d'ouvrir le feu, que je lui accordai en limitant la consommation à cent coups. Le concert éclata alors dans tout le secteur. Je l'écoutai, mi-rêvant, mi-éveillé, jusqu'à ce qu'il me parût temps de sortir de mon pyjama et de mon lit chaud. A peine fus-je habillé que le téléphone sonna de nouveau et que la section de gauche annonça que le tireur Walter, du stand 3 a, avait été blessé d'une balle à la tête.

Je me mis aussitôt en route, accompagné du chef du groupe de compagnie et d'un brancardier. La nuit était claire et le bas-fond, inondé et couvert d'une glace blanche, brillait sous la lune. En avant sur la digue des grandes eaux, on voyait s'allumer les feux des pièces qui tiraient dans les ouvrages, et de l'autre côté aussi on entendait la détonation sèche des coups au départ. Je m'étonnai surtout qu'une gerbe flanquât la digue à l'extrême droite et descendît en trajectoires lumineuses dans le voisinage de l'Alcazar. J'en conclus que les Français avaient fort bien étudié le secteur. C'est là un genre d'attention qui ne se traduit que par les résultats.

Dans l'abri de section Limbourg je trouvai le blessé, qui était déjà pansé, étendu sur une couchette. Le pansement était imprégné de sang et la vareuse en était baignée. Du bras, une seconde coulée sanglante descendait jusqu'aux bottes. Il était couché là, comme tiré d'un bain de teinturier, tranquille et effrayant, tourné contre le mur. J'interdis qu'on le dérangeât jusqu'à l'arrivée de l'ambulance. Le lendemain, le médecin qui l'avait pansé me dit qu'il s'en tirerait sans doute. La grande perte de sang provenait de ce que l'artère *temporalis* avait été sectionnée.

De la digue je concentrai les feux sur le point d'où était partie la gerbe qui avait blessé mon tireur, puis je fis le tour des ouvrages où je vis les hommes assis bravement à leur poste de combat. Après avoir fait mon rapport, je regagnai ma hutte vers quatre heures du matin.

Carlsruhe, 24 février 1940.

Dans la nuit du 23 février nous avons quitté la position et nous avons passé la nuit à Rastatt, un des centres de ce front du Haut-Rhin. La nuit d'après, nous poursuivîmes notre marche jusqu'à Carlsruhe; les deux étapes eurent lieu au clair de lune et nous voyions au loin les cimes de la Forêt-Noire. Les couleurs sont étranges par de telles nuits : des couleurs lunaires, on eût dit des pressentiments de couleurs. On ne les voit qu'à condition de les chercher. Il y a tant de choses dans le monde qu'on ne remarque que lorsqu'on en a connaissance. Il en est d'autres qu'on ne voit jamais.

Nous sommes logés dans la caserne Forstner, où j'occupe un appartement agréable dans le voisinage immédiat de ma compagnie.

Carlsruhe, 25 février 1940.

La recherche du supra-sensible et des manifestations visibles de son domaine est le propre d'adeptes inférieurs qui ignorent le pouvoir animateur de l'esprit, pareil à l'éther. Les spirites détiennent la palme à cet égard. Lorsque, dans l'attente de visiteurs supra-terrestres, ils commencent par aiguiser les sens jusqu'à l'extrême, ils font penser à un physicien qui voudrait étudier la flamme dans un espace vide d'air.

On ne conçoit de tels soucis que dans la sécurité parfaite.

*

La foi est, comme l'oxygène, un complément. C'est pourquoi les miracles ne se produisent pas partout et pour tous. Le buisson ardent.

Carlsruhe, 28 février 1940.

Pour bien des choses dans cette vie on a besoin d'un catalyseur. Par exemple, pour rencontrer des filles légères, il faut recourir à un compagnon facile.

*

Cet après-midi, j'ai entendu pour la première fois ma voix enregistrée sur disque. Je fus surpris de lui trouver exactement le timbre de voix de ces Hanovriens d'esprit prude et d'âge moyen que j'ai toujours détestés. Nous nous connaissons si mal.

*

Le soir, j'ai reçu à l'improviste Friedrich-Georg... son nouveau recueil de poésies : *Le Missouri*, que j'ai aussitôt lu et relu avec une impression d'allégresse croissante. De nouveau, et plus fortement encore que dans le *Taurus*, le sentiment d'une haute puissance spirituelle que rien ne peut arrêter. La tradition spirituelle de la patrie s'y continue, droite et légère comme un rayon de soleil. Je regarde comme un assainissement continu et favorable le passage du sec à l'humide, de la pierre brûlante où jouent les serpents, au grand fleuve. C'est un heureux présage que la mesure n'en soit pas relâchée, qu'elle devienne plus rigoureuse, d'un cristal obéissant à des lois plus secrètes.

Carlsruhe, 1er mars 1940.

Il fait un peu plus chaud, mais la neige couvre encore les bois et le gel est enfoui en terre. C'était un de ces hivers qui rendent plus vive la nostalgie du printemps, pareil à l'hiver de 1928 à 1929, après lequel je partis pour Marseille et les Baléares.

Revenant du tir, je traversais à cheval une vieille coupe de chênes dans le Hardt et songeais, à demi absent : « Voilà qui serait un endroit pour un pic mar. » Au même instant, comme né de ma pensée, je vis l'animal, pour la seconde fois de ma vie : avec son toupet rouge feu, il s'éleva en vol onduleux d'une cime d'arbre dénudée. Cela me sembla presque un miracle, comme une création; ainsi dans les rêves les objets auxquels on pense s'approchent de vous. Souvent, dans la vie, j'ai fait la même expérience avec les fleurs, les animaux et même les hommes. Aussi bien est-ce là un des charmes les plus rares de la chasse aux insectes et tout l'appareil savant n'est qu'un instrument pour arriver à cette fin. Où que nous éprouvions avec force le sentiment de l'harmonie, les détails s'empressent magiquement, comme appliqués par un dernier coup de pinceau.

Il en va ainsi surtout de l'instant du bonheur lui-même. Les choses sont accordées; le monde est dans l'accord. Il ne dépend alors que de nous de dire le sésame qui donne accès à l'abondance.

Carlsruhe, 10 mars 1940.

Sur l'art d'assiéger en amour : éviter avant tout ces sortes de forteresses fallacieuses où les bastions extérieurs tombent dès le premier assaut, tandis que la citadelle demeure invincible.

*

Cette nuit j'ai rêvé d'un événement tout à fait absurde et j'ai entendu une voix dire :

« Comment une telle chose pourrait-elle arriver si elle ne doit pas servir d'enseignement? »

La remarque est exacte pour autant que l'univers est réellement, dans une de ses perspectives, organisé dans un sens purement pédagogique.

Iffezheim, 17 mars 1940.

A Iffezheim, comme commandant de la compagnie de réserve. Ils sont passés, les beaux jours de Carlsruhe où je vivais comme le soldat vit à l'étape. Ensuite, chargé du commandement d'un transport, je passai un jour de repos à Kirchhorst, revis Perpétua, les enfants et Friedrich-Georg. Combien est précieux un tel revoir, si bref soit-il, qui vous confirme à quel point vous êtes vivant dans le cœur des êtres qui vous sont les plus chers.

Ensuite, séjour à Fribourg, une perle des villes, qui se prête à la rêverie. Buvant au Faucon, je dédiai un verre à la mémoire d'Erasme. C'est un esprit que l'on risque de sous-estimer en période de sécurité. Au surplus, je commence à m'accommoder du vin rouge allemand; il me semble ouvrir à l'imagination des accès plus subtils et plus secrets. La serveuse, dans la petite salle d'auberge alémanique où j'ai dîné deux fois : une fille dont le voisinage m'était agréable. Les femmes se rendent compte de ces sentiments sans qu'il soit besoin d'une parole ni d'un regard. A la fin du repas elle prit la bouteille des mains du maître d'hôtel qui s'apprêtait à desservir. Geste fort gracieux, tout à fait dans l'esprit de son état : je me réserve ce service.

Hutte de l'Auwald, 28 mars 1940.

Depuis deux jours, je loge dans mon nouveau poste de combat : une baraque en bois, au milieu de la ceinture clairsemée de l'Auwald qui enferme le Rhin et les bras entrelacés de l'ancien cours du fleuve, devant Iffezheim. Des sentiers surélevés mènent aux abris de combat sur l'accotement du Rhin.

Les nuits sont encore fraîches, néanmoins les rainettes se font déjà entendre dans les étangs du bois. Dans les buissons d'aulnes se déclenche le roucoulement brusque et automatique des faisans, et dans les haies de roseaux on entend voleter les canards, appeler les poules d'eau. Il y a aussi des hérons gris qui pêchent sur les bancs de sable. Auprès de ma cagna, une hase a deux jeunes dans son nid et les cache sous les feuilles lorsque le vent est trop frais.

A peine arrivé à Iffezheim, une grippe m'obligea à prendre le lit. Je la combattis par une forte cure de transpiration. Les excellents soins du docteur Eiermann et de sa femme, chez qui j'étais cantonné, contribuèrent aussi à ma guérison. La maladie pose une question à notre vitalité; nous répondons en renforçant les manifestations de vie : humeurs, chaleur, sang et activité d'esprit, que les fièvres rendent tropical. Nos efforts confus pendant nos cauchemars fiévreux ont aussi leur importance; nous cherchons à tâtons les trésors cachés de la santé. Au fond, c'est sans doute le cœur qui subit une épreuve.

Lecture de convalescence : *Les Entretiens* de Moltke, qui viennent de paraître à Hambourg. Ce qui frappe surtout dans cet esprit, c'est l'économie, que la physionomie elle-même traduit par la minceur des lèvres. Si l'on compare l'ancienne chevalerie à un cristal riche et finement ramifié, ici au contraire tout ornement a été effacé, évité. Néanmoins, les axes et les directions sont demeurés intacts; c'est pourquoi un éclat mythique a pu envelopper cet homme sobre. Combien délicate est par exemple la pitié qu'il éprouve pour des adversaires vaincus comme Napoléon ou Benedek. Aussi, du point de vue absolu, occupe-t-il un rang plus élevé que Bismarck, qui était sans doute d'un métal plus riche mais plus mélangé. Ce dernier était plus près de l'esprit de son temps et il pouvait rendre à l'adversaire la monnaie de sa pièce, tandis qu'une épée d'une trempe aussi pure n'était possible que dans l'armée ou sous l'ancien régime du fief.

Je feuilletai ensuite des volumes de *L'Atlantis,* une revue dont je trouve certaines années fort réussies et qui me rappelle parfois le vieux et solide *Pfennig-Magazin* que j'ai lu, également en proie à la fièvre, chez Celsus, en Norvège.

D'un article sur la Chine j'ai détaché ces quelques sentences qui me plaisaient :

« Lorsque quelqu'un ne souffle mot, ses paroles deviennent proverbiales. »

« Il ne faut pas parler de l'océan à un crapaud. »

« Lorsqu'on chevauche un tigre, on ne peut plus mettre pied à terre. »

Je lus enfin la dernière œuvre de Henry de Montherlant, lequel a fait de grands progrès. Je le mets, de même que T.E. Lawrence, Saint-Exupéry et Quinton, au petit nombre de cette haute chevalerie qu'a produite la première grande guerre. C'est seulement après que la braise est refroidie, que les diamants se détachent du noir flux charbonneux.

Hutte de l'Auwald, 29 mars 1940.

Le matin de ce quarante-cinquième anniversaire, le soleil est apparu très beau dans le clair bois de peupliers. Comme toujours, Rehm est arrivé le premier, m'a présenté ses vœux et a posé sur ma table des fleurs et des oranges. Ensuite je me suis habillé et j'ai lu à la fenêtre ouverte le psaume 73.

Après le petit déjeuner, j'allai sous les peupliers où le groupe de compagnie m'attendait au garde-à-vous tandis que la trompette sonnait la bienvenue. Son chef, le sous-officier Fassbinder, me remit une bouteille de vin rouge au col de laquelle était attaché un bouquet de violettes. Ensuite vinrent Spinelli et l'adjudant-chef. Le premier me fit des vœux au nom des officiers, l'autre au nom de la compagnie et ils m'offrirent un coupe-papier en ivoire.

Je fis ensuite comme d'habitude le tour de la position puis reçus, à mon retour, le colonel, les majors et les commandants des secteurs voisins en leur offrant liqueurs, cigares et friandises. Le courrier m'avait apporté des lettres et des colis, de sorte que ma cagna avait un véritable air de fête. Un cahier relié en cuir frappé, qu'une lectrice avait fait pour moi, et qui portait le cucujo rouge, un de mes armoriaux secrets, me fit surtout plaisir.

Midi arriva ainsi fort gaiement. A l'heure du café je me proposais d'entamer en compagnie de Spinelli le grand gâteau que le lieutenant-colonel Vogler m'avait rapporté de Baden-Baden et j'allais décrocher l'écouteur du téléphone, lorsque résonna dans l'Auwald le martèlement d'une mitrailleuse lourde. Presque aussitôt le stand 47 fit demander un brancardier et je me fis donner une bicyclette pour aller me rendre compte de ce qui était arrivé.

Au 47, un canon de défense était couvert par un blindage trop faible qui, une fois déjà, avait été transpercé par une gerbe au but, dont les balles avaient laissé leurs empreintes sur le parapet. Je trouvai le chef de poste, le sous-officier Neumann, entouré de ses hommes, derrière l'abri, et lui demandai des explications.

Voici ce qui s'était passé. Au début de l'après-midi, un maréchal des logis et un brigadier étaient descendus de l'observatoire d'artillerie voisin, tous deux nouveaux venus dans le secteur. Le maréchal des logis manifesta le désir de photographier la façade de l'abri, toute bosselée par les projectiles, et sans prendre garde aux avertissements du sous-officier, suivi du brigadier, il franchit le haut tertre de l'abri, descendant vers la rive du Rhin. Au même instant, de l'autre côté, dans l'ouvrage blindé « Rhin rouge », où logent des gaillards enragés, une mitrailleuse se déclencha et les deux artilleurs restèrent étendus sur le talus. L'un avait appelé, de l'autre on n'avait plus eu signe de vie.

Après avoir visité les lieux, je décidai de ramener les deux hommes, ce qui était évidemment impossible par le chemin qu'ils avaient emprunté. Il s'agissait de cisailler, à gauche de l'abri, une large étendue de barbelés pour s'approcher d'eux, et cela de telle sorte que le passage fût couvert par une lisière d'herbes sèches qui poussaient entre les arbres de la rive.

Cependant Spinelli à son tour était arrivé et nous suivîmes les hommes qui, accroupis, cisaillèrent les barbelés, jusqu'à ce que le passage fût dégagé après une bonne demi-heure. Quelques nattes de roseaux jaunes qui masquaient grossièrement la vue étaient pendues entre les arbres. Il n'y avait plus ensuite qu'une quinzaine de pas à franchir jusqu'aux deux corps étendus. L'ouvrage « Rhin rouge » était éloigné d'environ quatre cents mètres.

J'avais décidé avec Spinelli, qui est non seulement un habile représentant d'épicerie en gros mais encore un lieutenant de qualité et un adjoint précieux, de tenter l'entreprise. Je me sentais en dispositions favorables. Spinelli, lui aussi, était de bonne humeur et il se dirigea en hâte vers le bord du camouflage. J'allais le suivre lorsque, derrière la ruelle, le lieutenant Erichson de la 4e, parut et insista vivement pour prendre part à l'opération, parce que, disait-il : « Il n'avait jamais rien vu de pareil. » Mais il me parut que nous suffisions à la besogne et je lui donnai l'ordre de couvrir la manœuvre de sauvetage en pointant sur le créneau de l'ouvrage français. Ensuite Spinelli et moi, nous descendîmes rapidement la berge. Je vis le brigadier étendu et l'empoignai. Il était encore chaud, mais ses membres étaient déjà raides. Le maréchal des logis était à côté de lui; les balles ne l'avaient que frôlé, me cria-t-il et il n'avait aucune blessure. Je lui commandai de prendre le mort par la tête, tandis que Spinelli le tenait par les jambes et moi par le ceinturon.

Nous fîmes ainsi quelques pas, mais aussitôt la gerbe de la mitrailleuse lourde du blockhaus siffla et claqua autour de nous. Les projectiles perçaient les troncs des peupliers, ricochaient contre l'abri, cliquetaient dans les barbelés et creusaient des sillons dans l'herbe. Nous nous étalâmes; les jambes du mort touchaient ma tête, couché que j'étais sous le barbelé, dans un trou rond et peu profond, comme les poules en creusent parfois en grattant.

Je sentis le choc d'une balle qui brisa le bras droit du mort. Nous restâmes ainsi quelque temps sous le feu tandis que la terre, fouettée par les projectiles, coulait sur nos cheveux et que s'élevait une buée étincelante de métal.

Spinelli me fit signe de plier mon genou gauche qui était à découvert. J'appréciai d'autant plus cette attention que lui-même était encore moins abrité que moi. Ensuite Erichson fit fonctionner son arme et paralysa le feu de la mitrailleuse française par un tir de contre-batterie. Nous restâmes encore allongés quelques instants; enfin nous rampâmes derrière les nattes en passant par la ruelle.

Je voulus faire recharger la pièce, mais il apparut alors qu'un projectile de la gerbe qui nous était destinée avait pénétré par le créneau, atteignant le frein de retour de l'arme de telle sorte qu'elle était enrayée. Nous étions debout derrière le mur de l'abri lorsqu'une nouvelle grêle de projectiles souleva un nuage devant le bloc voisin. Un petit lingot de plomb fondu frappa l'épaulette du major-assistant et s'y incrusta, pareil à une étoile de médecin-chef, ce qui donna lieu à toutes sortes de vœux et de félicitations sur le mode plaisant.

A la nuit tombante, en compagnie de son commandant de batterie, nous allâmes chercher le mort. J'étais présent lorsque le major le fit déshabiller et je vis la blessure du bras qui n'avait même plus saigné, ainsi que d'autres blessures, dont l'une laissa échapper une balle cuivrée. C'est un coup direct à l'occiput qui avait dû l'atteindre mortellement, creusant dans la boîte crânienne un long sillon, d'une profondeur de trois doigts.

Une fois de plus, comme souvent déjà, je remarquai l'irritation caractéristique provoquée par la vue d'un mort en de telles circonstances. Elle apparaissait chez ceux qui le déshabillaient et qui recueillaient ses affaires personnelles, mais aussi chez ceux qui n'étaient que spectateurs. C'est un trait révélateur d'une culpabilité morale secrète.

Ainsi finit un anniversaire dont je me souviendrai.

Hutte de l'Auwald, 7 avril 1940.

Le poêle en tôle qui me chauffait dans ma hutte en roseaux était en métal très ordinaire. Mais l'ardeur du feu faisait virer sa couleur à un rouge transparent et fort beau.

De même, la vie et les choses recèlent des vertus que le cours ordinaire ne nous dévoile pas, mais qui se révèlent à l'instant où nous nous élevons d'un degré ou accédons à un temps nouveau.

Ainsi la vie a ses miracles de printemps et de floraison que ne soupçonnent pas ceux qui ne connaissent que le feuillage. Cette puissance supérieure peut se déployer sous des formes et des apparences très diverses : la robe somptueuse du mâle chez les oiseaux ou les insectes, le sein de la femme qui incarne selon Novalis la poitrine haussée jusqu'au mystère, la vraie noblesse qui montre un peuple, sous son apparence la plus haute, et le poète en qui la langue trouve sa floraison.

De même, l'homme cache des vertus que la mort seulement déploiera. Mais cette métamorphose ne se réalise plus par couches superposées, elle éclate dans toute sa plénitude.

O grands aventuriers, ceci sera votre suprême et plus grande aventure.

Hutte de l'Auwald, 8 avril 1940.

Ce matin j'ai fait comme d'habitude le tour de la position, qui est moins étendue qu'à Greffern. Le beau chemin désert du retour, derrière le flanquement gauche, par le sentier surélevé qui traverse l'ancien lit du Rhin. En passant par là, je m'amuse le plus souvent à tirer au pistolet sur les nombreux récipients que le courant a déposés dans le fouillis des branchages. Les bouteilles éclatent et les bidons sombrent lentement.

Ensuite, sur la digue de l'ancien cours, d'où je contemplai longuement l'Yburg. Des constructions comme celle-ci, dressées sur des montagnes coniques à pointe coupée, impressionnent particulièrement. Rodolphe en a mis de semblables sur l'image de *L'Atlantide* qui était suspendue dans ma chambre, à Goslar. L'imagination substitue l'œuvre de l'homme à la partie tronquée de la montagne. La pleine puissance de la pierre originelle se manifeste ainsi à travers l'architecture.

Il en va de même des constructions en forme de cônes tronqués. La pointe tronquée subsiste en quelque sorte métaphysiquement. Nous sentons une réserve de force matérielle non réalisée, et par là même la proximité immédiate de la puissance. Dans nos tours pointues, au contraire, la matière est monnayée jusqu'à l'extrême limite, de sorte que l'impression d'aspiration spirituelle, de témérité d'esprit l'emporte. Le courant peut se fondre dans l'éther. Sur le tableau de Breughel qui représente la Tour de Babel, nous voyons ces deux formes de construction : le terrible colosse au premier plan, et en arrière, voilée de brumes vertes, une ville gothique. Ainsi s'entrecroisent, comme en beaucoup d'œuvres de ce peintre, la magie et la mystique. Il voit deux mondes, tout comme Hérodote.

*

Cependant que je contemplais la pente boisée de la Forêt-Noire, des roseaux, sur la rive de l'ancien Rhin, s'échappa une petite bête agile, pommelée rouge brun et fauve, avec un bout de queue noir, qui s'enfuit à travers champs. J'appelai un peu plus tard au téléphone le chef de ma section de droite, qui est garde général des forêts, et j'appris que j'avais vu un putois. J'aime à me servir ainsi de ma compagnie comme d'un lexique.

*

Parce que les Français du blockhaus « Rhin rouge » ont une fois de plus ce matin envoyé sans rime ni raison toute une série de projectiles sur notre position et que je leur en veux encore de l'incident de mon anniversaire, j'ai fait tirer l'après-midi deux cent cinquante balles traçantes et pénétrantes sur le créneau dans l'embrasure duquel brille une mitrailleuse. Je me tenais avec Spinelli à la binoculaire et le lieutenant Erichson pointa le fusil-mitrailleur. Il dirigea les projectiles sur la tourelle, pareils à des flèches lumineuses, puis les enfila dans le créneau où ils volèrent en éclats phosphorescents au milieu d'une épaisse fumée blanche. Après qu'il eut épuisé la bande, la fumée continua un long moment à s'échapper de la meurtrière, comme si l'on avait fait de la friture à l'intérieur de la tourelle. En haut également, de l'ouverture du périscope, monta une fumée jaunâtre comme d'un gros foyer de pipe.

A peine avions-nous ouvert le feu, que nous vîmes les servants tenter vainement de dégager leur fusil-mitrailleur, comme s'il avait été bloqué par des clous, après quoi ils balayèrent la rive d'un autre point, avec leur arme ultra-lourde. Le temps était agréable et mes hommes, qui s'étaient ennuyés ces jours derniers, étaient très dispos. Aussi suis-je décidé à renouveler ces sortes d'expériences.

Hutte de l'Auwald, 10 avril 1940.

A Rastatt, comme témoin dans le procès d'un fusilier accusé de s'être absenté sans permission. Le Conseil de guerre siégeait dans une des belles salles du vieux château et j'avais une perception très nette de l'événement dans son ensemble. Je voyais les juges, les témoins, les gardes, le greffier, l'accusé, et moi-même à la fois attentif et profondément enfoncé dans le rêve de la vie.

En outre, des salles de ce genre m'apparaissent comme des cellules dans un énorme et antique rucher. Nous ne procédons pas autrement que l'on agissait voici des milliers d'années, en Egypte, en Chine, ou en Babylonie. Ce caractère immuable, qui tient de la vie des insectes, me donnait un peu de confiance et de sérénité en me faisant penser ceci : il y a malgré tout là-dessous une loi plus profonde que les cultures, et quand même celles-ci s'évanouissent, le tissu se reforme. L'accusé bénéficia de cet état d'esprit, car je lui fis en définitive meilleure réputation qu'il ne le méritait à prendre les choses strictement.

*

Le soir, en prenant le thé dans ma cabane de l'Auwald, je ris à part moi-même de cette boutade : « En face d'une belle femme, nous ressemblons plus que jamais à tous les hommes qui ont vécu avant nous. Tant qu'il y en aura sur terre, la vie ne perdra pas tout son sens. » Ensuite l'image d'animaux marins d'une espèce que j'ai vue autrefois par-delà les Açores remonta de mon souvenir : une bête mi-anguille mi-serpent, gris bleu avec des rayures claires, l'argonaute rouge feu, des poissons volants dans une lumière nacrée, avec les gouttes d'eau qui, tombant de leurs nageoires, piquetaient la surface de la mer. Ils passaient comme des fleurs qui tombent dans un abîme, ou comme les images que l'on voit à Pompéi aux murs des salles à manger, mais sur un fond bleu lapis. Et malgré tout, ces trésors ne ressemblent qu'à des fragments de joyaux puisés par le hasard en des chambres de cristal; ils ne sont qu'un reflet de l'invisible abondance qui vit dans les profondeurs. C'est pourquoi, lorsque nous les saisissons, ils se transforment si tôt en une gélatine colorée ou en une écume multicolore.

Pour que de tels joyaux puissent être négligemment livrés à la destruction, il faut que d'immenses richesses soient tenues en réserve. Nous connaissons les monnaies mais non la *matrice* qui les a frappées. Nous connaissons la vie sans connaître la Vie. Nous suivons à tâtons nos propres abstractions.

Nul ne connaît la mer qui n'a vu Neptune.

Hutte de l'Auwald, 14 avril 1940.

De bon matin les mitrailleuses du blockhaus « Rhin rouge » me réveillent, – la nouvelle mitrailleuse du créneau supérieur de la tourelle blindée et le canon mitrailleur qui flanque notre aile droite. J'appelai Erichson et lui donnai l'ordre de tirer. Ensuite, m'étant rapidement habillé, j'enfourchai une bicyclette pour aller vers l'avant.

Avant d'arriver au poste, je traversai une gerbe qui fouetta les peupliers et me hâtai de gagner la tranchée de liaison. Spinelli, qui était déjà sur place, debout avec son effectif derrière la paroi de béton de l'abri, me guida par signes. Je fis armer deux fusils lourds et les fis pointer sur le créneau. Je plaçai en outre de bons fusils. Ensuite, pour m'assurer le concours d'un pointeur exercé, je me rendis chez Erichson dans l'abri duquel je trouvai le brancardier. Il était occupé à panser Erichson qui saignait fortement au cou, et il venait de badigeonner à la teinture d'iode trois fusiliers qui avaient été atteints par des éclats. Ils étaient étourdis comme des poissons qu'on vient de tirer de l'eau.

J'appris qu'un coup avait éclaté en plein créneau, fouettant l'abri d'un jet de feu. D'autres projectiles avaient atteint le canon de la mitrailleuse et avaient même fait basculer l'appareil de pointage qui était posé sur la table. Heureusement, Erichson n'était que légèrement blessé, et je pus aussitôt regagner le poste central.

Les gerbes continuaient à balayer la forêt, de sorte que la tranchée de liaison me servit. Elle n'avait pas encore été creusée de bout en bout, et il me fallait donc franchir parfois des espaces découverts. Excellent exercice que l'évaluation des trajets à parcourir hors de l'abri. L'esprit commence toujours par faire un calcul précis de probabilité, puis le corps s'élance.

Spinelli avait déjà tout installé devant notre poste. Je m'approchai de la binoculaire et visai le créneau. Un nouveau canon, plus lourd que celui qui s'y trouvait lors de la précédente escarmouche, émergeait de la fente. Après avoir rappelé avec insistance au tireur qu'il dépendait de lui que le tir appelât une riposte ou non, je donnai l'ordre d'ouvrir le feu. Au même instant, de l'autre côté, comme avant un tour de prestidigitation, deux pies à reflets blancs et de bronze vert s'envolèrent des arbres par-dessus la coupole.

Ensuite les fusils martelèrent et les gerbes rougeoyantes se rencontrèrent au fond du créneau. Parfois les balles montaient trop haut et coupaient des branches de peupliers, dans la cour intérieure du blockhaus; ou bien elles ricochaient et les coups soulevaient des jets de poussière sur le béton du mur ou giclaient dans le Rhin. D'autres taquinaient le drapeau tricolore qui flotte à côté de la tour.

Je vis l'arme, en face, riposter aussitôt au feu, mais après un court moment les reculs du canon, qu'enveloppait une légère buée, cessèrent. J'avais prévu cela, car un feu prolongé immobilise l'arme ennemie comme entre des tenailles, les servants n'osant plus la retirer aussi longtemps que dure le tir. On peut alors la détruire sans peine.

Après cet intermède j'allai prendre mon petit déjeuner, puis, comme tous les dimanches, je fus à Iffezheim l'hôte du docteur Eiermann, chez qui je mangeai un brochet au vin de Moselle. La matinée était très claire, d'une extraordinaire fraîcheur de couleur. De plus, la pratique du feu restitue au corps, comme par une attraction magnétique, toute la vie et la conscience qui avaient tendance à s'en éloigner. De même, en période de crise, on recouvre les créances.

*

Le soir j'appris que l'éclat qui avait blessé Erichson était de la grosseur d'une pièce d'un sou et avait pénétré profondément. Les blessures du cou sont toujours dangereuses parce que tous les courants de vie empruntent cette partie du corps ainsi qu'un isthme.

Pendant ces escarmouches, on se sent beaucoup mieux en sûreté derrière un fusil, dans la tranchée ouverte, que dans les abris, au créneau de tir. Les petites embrasures et fentes à travers lesquelles l'œil du défenseur guette le paysage, à l'intérieur des solides blockhaus, ressemblent à des aimants qui attirent tous les feux de l'espace. Aussi les hommes subissent-ils dans les abris une pression trop forte, comme dans les cloches de plongée, au fond de la mer. Les ouvrages fortifiés sont les mammouths de la résistance; mais peut-être sont-ils justement appelés à disparaître parce que l'idée de défense s'en dégage de façon trop dépouillée.

Friedrichstal, 16 avril 1940.

Hier après-midi, le fœhn a soufflé dans la vallée du Rhin, mais ce vent, au lieu de m'oppresser comme d'habitude, m'a animé et égayé. Dans cet air limpide, l'Auwald m'apparut royal, la jeune herbe brillante comme du saphir, les peupliers, troncs clairs et minces, semblaient habités par la grâce; leur taille svelte emplit d'orgueil l'homme qui passe sous eux... Les premières hirondelles jouaient entre les cimes encore nues; les canards s'élevaient par couples des touffes de roseaux, autour des tranquilles mares d'eau; la foulque plongeait doucement dans leur profondeur.

A onze heures nous fûmes relevés et nous marchâmes au clair de lune jusqu'à Baden-Oos où nous passâmes la nuit dans une caserne. A l'aube nous repartîmes en train pour Bruchsal et gagnâmes de là, sous une pluie battante, notre cantonnement que se partageaient plusieurs villages. Deux compagnies, dont la mienne, s'installèrent à Friedrichstal, un des principaux centres de la culture badoise du tabac. Je fus logé à l'étage d'une petite villa qui appartenait à un fabricant de cigares, dans une chambre dont les fenêtres avaient une belle vue sur le Hardt.

Nous resterons ici quelques semaines pour nous reposer et pour faire de l'instruction.

Friedrichstal, 20 avril 1940.

Ce matin, en forêt. En détachant un morceau d'écorce du tronc d'un marronnier d'Inde, je découvris en dessous un *mycetophagus* qui m'était inconnu : une bête allongée, ovale, d'un brun foncé, avec un reflet violet, des bandes dentelées et des taches étoilées en filaments dorés. N'est-ce pas une vraie chasse au trésor?

L'étude des insectes est au nombre des jouissances qui augmentent avec l'âge. La connaissance des espèces, telle qu'on l'acquiert en trente, quarante ou soixante ans d'observations, ressemble à une pyramide à la pointe de laquelle se trouve chaque fois la dernière trouvaille. Il est évident qu'avec la masse des expériences le détail aussi prend plus de prix.

On pourrait comparer ce plaisir à un jeu de mots croisés où le plaisir augmente avec le nombre de cases remplies. Aussi la vie d'hommes tels que Rösel, Dohrn, Fabre, Reitter, Seitz et Ganglbauer a-t-elle été certainement fort agréable. Mais lorsqu'un si beau champ de bonheur nous est échu, il nous faut nous garder des écarts comme en commet le jeune botaniste dans *Datura fastuosa* de Hoffmann.

*

Cet après-midi, somnolé dans ma chambre. Observé, comme souvent déjà, qu'une pièce fermée se transforme dans certaines conditions en une chambre noire. On voit avec une grande netteté, au plafond ou sur le mur, les passants de la rue. J'ai découvert que je goûtais une jouissance maligne à la contemplation de ces ombres. Pourquoi?

Belle nuit de pleine lune. Lorsque, sous un tel éclairage, les contours des haies, clôtures, tonnelles et autres figures se profilent sur la terre, un sentiment nous étreint parfois où se mêlent l'enchantement et la peur. Je me suis souvent demandé à quoi pouvait tenir ce sentiment. C'est, je crois, parce que les formes se dévoilent et se spiritualisent tout ensemble dans ces jeux d'ombres. Elles atteignent un degré d'immuabilité qui répond à leur nature profonde. Les choses agissent par leur sceau mathématique, de façon à la fois plus immatérielle et plus puissante. Mais surtout nous pénétrons avec crainte dans ces grilles d'ombres; nous nous croyons doués d'un pouvoir spirituel nocturne lorsque nous passons au travers d'elles. Mais nous retenons en même temps notre souffle : si une formule magique était prononcée à cette minute, nous resterions irrévocablement prisonniers de la matière.

*

Casanova. Les historiens qui contrôlent les dates sont bien ennuyeux. Les meilleures sources jaillissent des mémoires, non des registres publics de Venise, de Paris ou de Vienne. On ne révèle pas l'homme en le convainquant de mensonge; l'homme au contraire se révèle à la façon dont il ment.

Casanova considéré comme acteur. Enfant de comédiens, compagnon de comédiens. Son apparence, ses dentelles, ses diamants, ses tabatières, ses bijoux. Demande au pape s'il peut orner de diamants l'ordre de l'Eperon d'or qui lui a été décerné. Lorsque Bernis le charge d'une mission officielle, il s'en acquitte non pas en diplomate mais en acteur. Au banquet de Cologne c'est comme acteur qu'il l'emporte sur le brave Ketteler qui, par la valeur, lui était sans doute supérieur. Des traits semblables interviennent dans le duel avec Branicki, ce sujet de gloriole sans fin. En Pologne, comme partout où il séjourne, l'opinion ne tarde pas à lui être moins favorable. Il signale le fait dans ses Mémoires sans qu'aucune ombre en soit projetée sur ses triomphes. C'est un train de comédien; il lui suffit d'éblouir et de briller un seul soir. Néanmoins on ne pourrait pas dire qu'il ait inventé l'axiome : « Etre plus que paraître », et cela pour la bonne raison qu'être et paraître sont pour lui en quelque façon choses équivalentes. Il est acteur-né; les succès de théâtre sont donc réels à ses yeux.

Au surplus, que peut-il masquer par ses mensonges? Le fait par exemple que lui, le grand artiste, n'a quand même possédé que des femmes de second ordre? Toutes, même Henriette, n'étaient plus de première fraîcheur. Pour ce qui est du choix, il est d'autres amateurs, comme Byron, sur lesquels nous pouvons prendre exemple. Etrange, qu'il glisse sur tout ce qui concerne Manon Baletti. Mais sans doute a-t-elle occupé la plus grande place dans sa vie – dans les coulisses il est vrai, et l'on ne parle pas de cela.

Comment s'explique l'attrait que ce Vénitien, qui a commis tant d'erreurs, exerce sur nous? D'après quel modèle notre mémoire choisit-elle dans la foule infinie des hommes qui ont jamais vécu ou qui se sont distingués? Pourquoi un vagabond comme Villon nous est-il encore familier, tandis que d'innombrables hommes de bien, qui avaient un nom à son époque, sont tombés dans l'oubli? Cela doit tenir à une part de vitalité naturelle et informe qui, de même que la sève vient des racines, monte dans les œuvres et les actes, à une force où nous nous reconnaissons nous-mêmes, hors du règne des mérites et de la morale, parce qu'elle est notre commun héritage.

Friedrichstal, 23 avril 1940.

Refroidissement, dans cet état désagréable où les humeurs ne veulent pas s'épandre. De plus, le matin, chute de cheval, ma monture s'étant sur le champ de manœuvre pris le pied dans un fossé, avec choc à la tête dans un terrain heureusement mou. Néanmoins j'eus un bref étourdissement, qui durait encore lorsque les hommes m'époussetèrent. J'étais au milieu d'eux comme un objet. Le soir, au courrier, nouvelles désagréables.

Après-midi, au château de Bruchsal, pour voir l'escalier de Balthasar Neumann dont je ne puis malheureusement me procurer une bonne reproduction. Outre les escaliers du château de Meissen, qui semblent avoir été taillés comme des fuseaux dans la pierre, c'est le plus beau que j'aie jamais vu. La surprise que provoque cette construction serait plus vive encore si l'on n'en avait déjà rencontré çà et là des imitations; mais l'impression *prima vista* est un plaisir réservé aux contemporains.

*

Lorsque nous jeûnons pour nous soigner, nous agissons à la façon d'un maître de maison qui congédie pour quelque temps son cuisinier, parce qu'il doit chasser un intrus de sa maison. Le jeûne libère des forces; il ne rend pas seulement la santé, il procure et le loisir, et la force de l'esprit.

Friedrichstal, 28 avril 1940.

Dans le Hardt, où s'est encore conservé un souffle de l'antique solitude des forêts. Orages, avec éclairs et soleil, et tournoiements de pics, près et loin. Un pic mar est passé au-dessus de moi alors que j'étais étendu sur la mousse d'une clairière de chênes, et il monta en spirale le long d'un vieux tronc d'arbre. L'animal est assez étrange, surtout par la disproportion entre son cou grêle et sa grosse tête. Ses ailes rigides émettent en plein vol comme un sifflement de trompe; son cri pareil à un hennissement est plus plaintif que celui du pic-vert.

Après des heures pareilles, j'ai peine à me remettre aux affaires du service; je suis enclin à la rêverie comme si mes yeux s'étaient adaptés à une distance différente. La solitude des forêts est si belle : on dirait un accès à des espaces solennels.

Sur ma table, dans un vase, fleurit un cœur de Marie qui est aussi un de mes tests. Je mesure la joie que j'éprouve à le regarder et il me semble qu'elle n'a jamais été plus vive. Comme l'insuffisance de toute notre science éclate en regard d'une telle branche fleurie! Ce sont des explications de notre misère, mais qui expliquera l'abondance?

Friedrichstal, 8 mai 1940.

Manœuvre régimentaire, qui s'est déroulée sur toute la longueur du Hardt, jusqu'à Teutschneureuth, et à laquelle j'ai pris part comme arbitre. Le matin était frais et clair; en forêt, les sabots des chevaux foulaient des îlots de muguets en fleur. Après un bref combat pour la lisière de la forêt, *Halte au feu!* Le thème de la critique du général fut que décision ne pourrait être emportée que par une attaque suivie d'une guerre de mouvement, et cela à l'Ouest.

L'instruction que nous donnons dans le cadre de la compagnie est également une préparation à une attaque dirigée sur des buts éloignés. Vers le milieu du mois une inspection doit la clore. Je dirige en outre deux jours par semaine l'instruction des troupes de choc à laquelle chaque compagnie délègue un groupe particulièrement choisi. Nous nous exerçons tantôt à la prise d'un petit abri avec armes chargées, tantôt dans la forêt à des manœuvres enveloppantes contre abris et blockhaus.

Friedrichstal, 10 mai 1940.

Rêvé cette nuit d'escadres aériennes qui survolaient la maison. Le matin, au tir, j'appris que le ciel avait été en effet fort animé. Il s'agissait de transports en direction de la Hollande et de la Belgique. La guerre entre sans doute dans sa phase critique, sans que sa durée puisse être évaluée dès à présent.

L'après-midi nous avons fait avec le colonel une longue promenade à cheval à travers de belles forêts, avec une halte le soir, à Graben, pour manger des asperges. Durant cette course, des officiers et des plantons nous rejoignirent à plusieurs reprises, à motocyclette, apportant des plis dont l'un annonçait la suspension des permissions. Nous sommes maintenant en état d'alerte.

C'est à regret que nous quittons Friedrichstal dont les habitants étaient devenus pour nous des amis. D'origine huguenote, ils ont du sang wallon, avec des noms comme Lacroix, Borel, Gorenflo (déformation de cœur-en-fleur). Ils nous ont apporté vers 1720 leur connaissance de la culture du tabac et fournissent maintenant tout le pays de Bade de jeunes plants dont on voit de toutes parts les massifs sous des châssis garnis de papier huilé. Ils tirent ainsi de leur terre un gain décuple. Il est vrai que cette culture demande beaucoup de soins et de peine, et, suivant un dicton de ce pays, les habitants de Friedrichstal ne se reposent qu'à genoux et ne mettent jamais que leur tête au lit.

En revanche, ils sont riches, de naturel gai, toujours disposés au plaisir et enclins à la dépense.

Friedrichstal, 14 mai 1940.

Ordre de mouvement pour cette nuit, avec destination inconnue. Avant-hier j'ai organisé, juste à temps, une fête pour la compagnie, à laquelle nous avions convié nos hôtes. On servit des asperges de Graben, du café, du vin, du gâteau, après quoi il y eut une séance de cabaret à laquelle une école de danse de Carlsruhe avait prêté son concours. Vers le matin, après que j'eus plusieurs fois, en ma qualité de commandant d'armes, retardé l'heure de fermeture, on s'amusait fort dans la salle et dans les couloirs, et cela d'autant plus qu'en ma qualité d'ancien chef de troupes de choc je ne me sentais guère fait pour jouer le rôle de moraliste.

J'eus l'impression que l'esprit de corps de notre petite unité s'était développé. Les hommes sont pour la plupart des Magdebourgeois et comme tels, à mon sentiment, plus près des Saxons que des Bas-Saxons. Ils sont plus vifs, plus sociables, adroits dans le maniement des armes mécaniques et habitués aux gros travaux. Je goûtais particulièrement une expression que j'ai souvent entendue dans leur bouche et dont j'ai fait pour cette raison notre mot de passe ou notre cri de guerre : *Ran wecke,* ce qui veut dire : *Ran welche* (Amenez-en), à savoir des mains là où il y a de la besogne. C'est l'appel des chefs de file sur les champs de betteraves de Magdebourg lorsque le travail presse.

Outre l'instruction proprement dite, il est nécessaire pour qu'une troupe soit bonne, que des rapports se soient établis d'homme à homme, c'est-à-dire une véritable cohésion entre les atomes. Cela demande quelque temps; il faut que les hommes aient tissé ensemble une certaine substance de vie, qu'ils aient fait une provision de petites souffrances et de joies communes. Il faut que se forme un revêtement d'histoire.

Départ du Hardt, au chant des coucous et des pics, en compagnie d'un rossignol badois, gracile comme Jenny Lind, qui fait des vocalises... La profonde sapinière moussue entre la Fosse-aux-cerfs et Linkenheim. Le craquement sec et fin des pommes de pins d'où la brûlure du soleil fait jaillir les semences. Plus loin le rucher enfoui dans le sous-bois qui sert à la fécondation des reines.

Spire, 15 mai 1940.

Vers le soir nous repartîmes, dispos, pour Graben. Les habitants de Friedrichstal nous avaient abondamment fleuris, nous et nos chevaux, et ils nous escortèrent jusqu'au Hardt. Nous quittâmes à regret ces braves gens qui nous avaient tant gâtés. Puis le crépuscule tomba. Des nuées de hannetons survolaient les chemins forestiers ou tournoyaient autour des pommiers presque nus, au bord de la route. Comme il advient parfois en pareille circonstance, ma bonne humeur était contrariée par un petit ennui : un accès de coryza. Aussi m'étais-je muni de pastilles d'Ems. Après une bonne marche nous arrivâmes vers l'aube à Spire.

Weidenthal, 16 mai 1940.

Marche de nuit de Spire à Weidenthal. Tandis que nous traversions Neustadt-sur-Hardt, l'alerte fut donnée par les sirènes sans qu'il tombât toutefois des bombes qui, en raison de l'étroitesse des rues, nous auraient donné fort à faire. La marche était fatigante. Comme toujours en pareille circonstance, des talents jusqu'alors cachés se manifestèrent, notamment dans le premier groupe où les plaisanteries fusaient. Vers sept heures nous entrâmes dans nos cantonnements. Après un bon sommeil j'allai à la poste et j'envoyai mes manuscrits et carnets à Kirchhorst. Je n'ai donc plus sur moi que ce petit cahier. Je fis encore avec mes deux officiers, Keunecke et Spinelli, un fort bon repas d'adieu chez le maire qui nous logeait tous trois. A table, la mairesse elle-même assaisonna la salade pour nous.

Kaulbach, 17 mai 1940.

Encore une rude marche de nuit à travers les montagnes du Hardt, par Hochspeyer, Kaiserslautern, Otterburg jusqu'à Kaulbach. A Kaiserslautern, au cours d'un arrêt forcé, je demandai ma route à un planton de la défense passive. Celui-ci, un homme d'un certain âge, s'était sans doute renseigné sur mon compte auprès de mes hommes, car un moment plus tard il me rejoignit et se présenta comme un de mes lecteurs. Il apportait une bouteille d'un excellent vin du Palatinat et me tendit un verre qu'il ne cessait de remplir tout en m'accompagnant. Cette rencontre dans la nuit avait je ne sais quoi d'étrange, de cérébral. Je sentais qu'un auteur est chez lui même dans l'obscurité.

Ensuite repos dans une forêt de hêtres, dont les branches touchaient presque terre, formant des tentes sous lesquelles nous prîmes notre repas. Après Otterberg, un cheval mort au bord de la route : la première perte. Coucher à Kaulbach, où nous dormîmes dans une petite ferme jusque tard dans l'après-midi et où nous fêtâmes ensuite par un petit repas de fête l'anniversaire de Keunecke.

Nous marchons donc vers l'Ouest en traversant le Palatinat et nous nous dirigeons soit vers la grande bataille, soit vers une des actions qui se préparent. A mesure que nous avançons, la possibilité d'une déviation vers la gauche se rapproche également. Je suis presque dans le même état d'esprit qu'en 1914, lorsque je craignais surtout de ne pas avoir ma part de bataille.

Grumbach, 18 mai 1940.

Par Lauterecken vers Grumbach, qui est gracieusement encaissé entre des vergers en pente. Je logeai avec les deux officiers chez le curé.

Notre journée est maintenant réglée de telle

façon que nous partons à la nuit tombante et que nous sommes sur les routes jusqu'au matin. Ensuite repos jusqu'au milieu de l'après-midi, puis soupe, entretien des fusils, revue de pieds et arrivée des ordres pour le lendemain.

Je suis logé sous le toit, dans une chambrette, avec une belle vue sur des prés et des châtaigniers en fleur. Parmi le mobilier je remarque une table de toilette usée avec une plaque de marbre noir qui contient, à côté de striures de corail, un coquillage pétrifié de la grosseur d'un œuf de poule : une fine coupe à crête hérissée d'aiguillons, avec une charnière dentée. J'appris ensuite, à l'heure du dîner, que personne n'avait observé ce petit phénomène quoique la table fût dans la maison depuis bien des années.

Idar, 19 mai 1940.

Réveil à minuit. Le curé nous offrit encore une tasse de café dans son cabinet de travail, où il préparait son sermon pour le dimanche suivant. Comme j'ai beaucoup séjourné pendant ces derniers mois dans les presbytères, il s'est développé en moi un organe qui perçoit les différences d'atmosphère entre les presbytères protestants et les cures catholiques. Ce sens ne s'acquiert pas par la pratique des manuels d'histoire. Chez les protestants on a le sentiment de parcelles minuscules qui sont maintenues en suspens par une force magnétique. C'est la différence entre l'aristocratie de droit divin et l'aristocratie qui s'est faite elle-même.

Réflexions sur le caractère fatal de la Réforme. Il faut esayer de comprendre cela dans son ensemble : c'est ainsi qu'une voiture doit changer de vitesse lorsque la pente s'accroît. Le moteur devient plus moral. Il n'est pas impossible que le cours des événements nous ramène à une Eglise unique, à l'organisation de la chrétienté.

Marche par Wolfstein, Oberjeckenbach et par le champ de manœuvre de Baumholder avec ses baraquements déserts, puis par Bollenbach jusqu'à Idar. Nous devions primitivement bivouaquer ici, près de Tiefenstein, mais l'après-midi on nous fit cantonner dans la petite ville. Au moment du départ un des chevaux blessa le lieutenant Wankel d'un coup de sabot dans l'aine et il fallut l'emporter.

Nous fûmes logés en haut de la côte, chez un industriel qui avait des notions de médecine et qui me prépara une excellente compresse pour combattre mes maux de gorge. Au dîner, conversation sur les pierres fines dont le commerce et la taille sont ici fort répandus. Les Romains déjà avaient creusé des mines d'agates dans ce pays et notre hôte nous apprit que des noms de famille romains s'étaient depuis ce temps conservés à Idar. De fait, en arrivant, j'avais remarqué l'écusson d'un certain César qui, pour comble, portait le prénom de Jules.

Idar, 20 mai 1940.

Jour de repos à Idar. Le matin, à la halle des arts et métiers, sorte de musée commercial où les pierres fines sont exposées en grand nombre. J'aimai surtout un grand bloc d'améthyste, taillé en forme de coupe, avec des agates serties qui brillaient comme de beaux yeux à travers le givre gris bleu du cristal. En même temps, j'éprouvai cette angoisse particulière que nous inspire le voisinage du monde minéral, par ses cavernes, ses grottes et ses puits, où l'esprit, comme emprisonné, paraît figé dans sa froide beauté par l'effet de quelque formule magique.

Durant toute la journée, des avions – probablement des avions de transport – survolèrent en bourdonnant notre vallon. Le soir venu, nous bûmes un punch aux fraises, sur la terrasse, au clair de lune.

Bescheid, 21 mai 1940.

A trois heures, réveil, ce qui me permit de prendre conscience d'un rêve assez rare : je m'entretenais du style de Cassiodore avec un chevalier-chasseur du commencement du Moyen Age, qui connaissait fort bien les Anciens. Cet entretien n'était pas rendu plus difficile par le fait que j'étais un contemporain tantôt de l'auteur, tantôt du chasseur, et que tantôt je vivais au XXe siècle. Je regardais comme à travers un verre où trois couleurs se rencontrent. Malgré l'heure matinale, je m'éveillai très heureux, car je sentais que l'humus d'où naît mon verbe était encore fertile en possibilités inépuisées.

Par une exquise fraîcheur matinale, à travers la

vallée de l'Idar dans les creux verts de laquelle étaient nichés les petits moulins d'agates, délabrés et cachés comme les résidences des Alchimistes ou des Vénitiens. A leur vue, on se rend compte que le métier s'est élevé ici au niveau d'une sorte de magie. A côté de bon nombre de ces ateliers s'élevaient des monceaux de grises mottes d'agates, de la grosseur d'une tête d'enfant. Moulins de pierres précieuses. Où les trésors deviennent innombrables, leur rapport avec l'argent se perd; ils atteignent un degré supérieur de préciosité.

Ensuite, par une chaleur croissante, à travers les forêts de Hunsrück que survolaient escadrilles sur escadrilles, se dirigeant vers l'Ouest. Halte de midi à Talling. Une paysanne me rafraîchit en m'offrant un verre de babeurre. Lorsque, après une marche pénible, les cantonnements furent répartis, je me vis attribuer pour ma compagnie le petit village de Bescheid, qui est situé en haut de la montagne. Nous commençâmes par décharger les bagages, car il nous fallait laisser le train dans la vallée, et pour encourager quelque peu les hommes, mes deux officiers et moi nous nous chargeâmes nous-mêmes de trois lourds paquetages. Sur le raidillon en zigzag que nous gravissions au milieu d'épais nuages de poussière, la sueur coula à flots. Mais cette marche était peut-être le meilleur remède contre ma bronchite, car lorsque nous arrivâmes au sommet je sentis ma poitrine dégagée. Je passai la nuit dans une petite maison où toutes les pièces étaient ornées d'eaux-fortes qui trahissaient un connaisseur. C'est aux tableaux que l'on peut juger la valeur d'une installation; ils sont le sceau du goût.

Welschbillig, 22 mai 1940.

Encore réveil matinal, puis marche par Fell et Longuich, en suivant la vallée de la Moselle, au pied de hauts vignobles cultivés avec soin. L'on eût dit une composition sculpturale, impression qu'accroissait encore la vue des ponts, des constructions et des habitants, debout devant leurs maisons. Je relevai en outre des noms comme Quint et Dezem. Les beaux vers d'Ausone me revinrent à l'esprit. C'est ici notre contrée la plus romaine, le Tyrol du Sud mis à part. Ce n'est pas le hasard qui inspirait aux Romains le choix des régions où ils s'établissaient. Les hommes sont des êtres aux racines invisibles qui savent vivre n'importe où; mais la *réussite* ne leur est accordée qu'aux endroits appropriés.

Le temps était lourd et accablant; cette fois-ci il y eut moins de pieds écorchés que de vomissements, de saignements de nez, de migraines, de nausées. Après que nous eûmes fait la halte de midi dans une carrière, en plein soleil, près d'Ehrang, je sentis des douleurs dans la nuque et j'enfourchai le brave Justus qui avançait tant bien que mal en trébuchant.

En cours de route, nous entendîmes, dans les villages et les bourgs, des haut-parleurs annoncer les formidables succès de nos armées, ce dont je fus particulièrement surpris, moi pour qui la résistance extraordinairement tenace des fronts était devenue, après des centaines d'expériences, une sorte de dogme. C'est que cette guerre diffère décidément dans tous ses détails du schéma de la guerre précédente à laquelle je ne veux pas plus longtemps attacher mes pensées.

Logement à Welschbillig. Je fus cantonné ici chez un paysan, dans une maison qui repose sur ses fondations depuis l'époque romaine. Après que j'eus un peu dormi, mon hôte m'envoya par Rehm une gamelle de pommes de terre rôties, avec du confit de bœuf, de quoi rassasier trois bûcherons. Les rapports de l'hôte avec le soldat sont particuliers en ce que, à l'instar du droit sacré d'asile, ils relèvent encore des formes de l'antique hospitalité que l'on accorde sans considération de personnes. Le guerrier a le droit d'être l'hôte dans toutes les maisons et ce privilège est un des plus beaux que lui confère l'uniforme. Il ne le partage qu'avec l'homme persécuté et souffrant.

Lintgen, 23 mai 1940.

Départ comme d'habitude. Pendant le chargement des armes je surpris la réponse d'un sous-officier à un conducteur qui rechignait :

« J'aimerais mieux...

– Taisez-vous! J'aimerais mieux qu'il y ait ici un établissement de bains! »

Près d'Echternach, traversé la frontière luxembourgeoise, dont j'ai fait saluer le franchissement par un *Ran wecke!* La première maison de la frontière est détruite, parce que l'on a fait sauter le barrage du pont voisin. Devant les fenêtres, les jalousies pendaient. Après le village, très propret, encore quelques entonnoirs; sans doute a-t-on supprimé ici des obstacles. Par Altrier. Pause de midi dans une petite ferme, où je cause avec le propriétaire, garde-chasse. J'observai que cet homme, comme beaucoup de Luxembourgeois, parlait un langage assez cultivé. Cela tient sans doute à ce qu'ils s'expriment à l'occasion de telles rencontres, non pas en patois luxembourgeois, mais en un allemand livresque. On a alors l'impression que la pensée et l'effort de composition ont précédé la parole et que celle-ci, de ce fait, s'adresse à des êtres capables d'attention et de réflexion.

Marche forcée jusqu'à Lintgen; là-bas, cantonné chez un boulanger. Le village est plein de soldats et de réfugiés. Chez mon boulanger lui-même je rencontrai des Luxembourgeois expulsés. C'est ainsi que je m'entretins à dîner avec une femme d'une cinquantaine d'années qui, si j'ai bien compris le nom, avait habité Duttwiller, où nos avant-gardes avaient d'abord rencontré la frontière française. Pendant les combats qui s'étaient engagés là-bas, elle s'était réfugiée dans sa cave et y était restée quelques jours pendant que les obus dévastaient son jardin. L'un d'eux arracha le balcon de sa maison, un autre renversa le vieux pommier. Des éclats trouèrent le toit, les poules étaient couchées dans la cour, les têtes arrachées; les cochons s'échappèrent de leur soue démolie; le lit qu'elle avait dressé dans la cave vacillait. Cette rude personne, qui n'avait certes jamais imaginé pareille aventure, même dans ses rêves les plus profonds, racontait tout cela avec gaieté, riant presque, ou plus exactement avec une forte sérénité intérieure qui me saisit vivement. D'ailleurs, elle aurait voulu rester chez elle, mais nous avions évacué le village.

En cours de route, j'appris par des permissionnaires que les usines de Missburg, à côté de Kirchhorst, avaient été touchées par des bombes. Je pensai à Perpétua, aux enfants, à mes collections et à mes manuscrits qui reposent là-bas, au grenier, sans que je sois déjà digne de la lampe de Nigromontan. C'est en effet la guerre totale, qui nous menace en tous les points de l'existence à la fois.

Rambruch, 24 mai 1940.

Par Rollingen et Reckingen, en ayant pour point de direction Hemstert, en Belgique. Mais à Säul nous rencontrons le colonel, qui nous donne l'ordre de tourner à droite et de rejoindre Rambruch – mouvement apparemment commandé par les opérations.

Halte de midi sur un pré, à côté d'Ospern. La soupe était comme toujours prête à l'heure et bien préparée parce que nos cuisiniers travaillaient presque jour et nuit, sans repos. Au moment du départ je fis appeler le soldat Rumke de la cuisine, le fis sortir des rangs, après quoi je le nommai caporal pour la bonne raison, dis-je, que la soupe aux lentilles avait été excellente. Cet argument, qui se rapportait à une expérience encore toute fraîche, recueillit de vives approbations.

Nous marchâmes à travers l'agréable paysage de pâturages luxembourgeois jusqu'à Rambruch, où je cantonnai dans un petit café. Le propriétaire était un gros homme jovial, d'une trentaine d'années et de type flamand. S'il n'en était que de pareils, il n'y aurait jamais de guerre dans le monde, en revanche, on s'y adonnerait à des beuveries sans fin. « Mes petits gars, vous n'allez quand même pas boire de l'eau! » s'écria-t-il, en versant de la bière à quatre jeunes ouvriers qui venaient d'entrer dans l'estaminet.

Neufchâteau, 25 mai 1940.

Le matin, nous faisons route sur Martelange. Là-bas le pont est détruit, ainsi que beaucoup de maisons, sans doute à la suite d'explosions de mines. Çà et là on revoit déjà les paysans travaillant dans leurs champs. Est-ce confiance, est-ce un instinct d'insecte, qui pousse l'homme en pleine destruction à se remettre infatigablement à l'œuvre? Tout en notant cette pensée je me réponds à moi-même : « Et toi, ne tiens-tu pas ton journal? »

Bolanges, Fauvillers, Vitry. Sur ces routes, traces de combats entre groupes de reconnaissance, très visibles, comme disposées à l'intention d'un amateur de tactique. On voyait de petits tas de douilles au bord des routes, tout à côté des tombes, et puis les pistes de chars blindés qui s'étaient déployés à travers champs et dont l'un était resté sous le feu, enfin un barrage de route, également entouré de tombes surmontées de casques belges.

A Traimont, halte de midi. Dans une maisonnette,

à la pompe de laquelle je fis puiser de l'eau, le propriétaire m'offrit une tasse de café. Un paysan de soixante-seize ans : il dit d'ailleurs « septante-six », au lieu de « soixante-seize ». Il a vu trois guerres, il possède trois hectares de terre, il a un fils, une bru et sept petits-enfants. Je donnai aux enfants, qui m'approchaient avec familiarité, de l'argent pour leur tirelire.

Jusqu'à Neufchâteau, où nous avons dressé nos tentes en bordure de la ville. Celle-ci donne une impression d'anarchie. La plupart des habitants ont fui, les maisons sont vides, le mobilier a été bousculé. Je commandai des patrouilles de nuit pour assurer l'ordre et je renouvelai mes instructions aux hommes, en rappelant en particulier qu'aucun degré de destruction ne peut autoriser des atteintes à la propriété. Afin d'illustrer ma leçon, je fis estimer devant les rangs, par le sergent-comptable, la paille que j'avais fait prendre pour notre bivouac dans une grange voisine et j'en fis sur-le-champ payer le montant en espèces à la propriétaire.

L'entrée dans de telles zones a toujours pour effet de relâcher les disciplines : on put s'en rendre compte au rapport au cours duquel une discussion éclata entre officiers, à propos de chevaux. J'étais curieux de voir l'attitude qu'adopterait le commandant. Il dit simplement : « Messieurs, restons des gentilshommes; sinon, nous n'irons pas loin! » Cette petite phrase eut son plein effet.

Vers deux heures du matin, feux de la D.C.A. dans le village, mais point de bombes. Dans la journée, comme d'habitude, rien que des avions allemands.

Givonne, 26 mai 1940.

A cinq heures, départ par Betrix et Fay-les-Veneurs. Encore de sérieuses destructions. Les habitants semblent avoir fui en toute hâte. Souvent les maisons, vues de l'extérieur, paraissent en état et encore habitées, mais pour peu qu'on regarde par la fenêtre, l'œil découvre le spectacle de l'abandon et du pire désordre. Les vaches dans les pâturages ont des pis gonflés et on les entend meugler plaintivement. Il n'y a guère de troupe que sur les routes; partout ailleurs le paysage offre l'aspect fantastique d'un désert abandonné par les hommes. Nous venions de nous former en colonne, pour le départ, lorsque le général passa, et nous apprîmes que nous devions encore gagner ce jour même Givonne, au lieu de Bouillon, où nous avions envoyé les fourriers. C'était le deuxième changement de notre ordre de route.

Dans la forêt, avant Fay-les-Veneurs, nous rencontrâmes une longue colonne de plus de quatre mille prisonniers, surtout des Noirs qui défilèrent sous nos yeux comme pour une revue de costumes et de peuplades exotiques. Il y avait aussi parmi eux quelques Européens, qui avaient pour la plupart des décorations de l'autre guerre et des cheveux blancs. Ensuite nous fîmes halte après avoir essuyé une forte averse, sur un pré mouillé. Pause de midi.

Durant tout l'après midi nous ne fîmes que monter et descendre à travers de grandes étendues de forêts. Comme j'avais pris le commandement du bataillon, en l'absence du commandant, je renvoyai tout exprès un agent de liaison jusqu'à la frontière française pour prescrire à Spinelli de la faire saluer par un *Ran wecke*. Le long de la route, des automobiles incendiées, des avions abattus, des tombes, des ustensiles de ménage. Les voitures des réfugiés ressemblent à des bateaux; on trouve des épaves là où elles ont échoué. Des cadavres de chevaux, aussi : en passant devant l'un d'eux, tout couvert de mouches, un planton s'écria : « Ça doit bouillonner là-dedans », qualifiant ainsi très exactement l'état dans lequel il devait se trouver. A travers ce chaos on a déjà tendu des câbles, munis çà et là de petits écriteaux qui menacent de mort quiconque les détériorerait. Ce sont les nerfs de l'armée. Pendant une de nos haltes je visitai un petit ouvrage qui avait été fort bien inséré dans un coude de la route, sans doute pour arrêter des chars. Les coquets petits canons guettaient encore derrière les créneaux, des tas de douilles vides étaient répandus à l'entour. Je pénétrai ensuite dans les positions qui entouraient l'abri, jusqu'à ce que la pensée que des mines pouvaient être posées aux abords coupât court à ma curiosité.

Traversé Bouillon, que domine un vieux fort escarpé. Au centre, maisons démolies, colonnes bousculées, surtout autour du vieux pont, noyau de la ville. Des hommes passèrent, portant des bouteilles de vin. Je dépêchai Rehm à bicyclette, pour reconnaître la source. Il revint avec quelques bouteilles de bourgogne et rapporta qu'il était entré dans un magasin d'armée dont la cave abritait une compagnie des plus gaies. D'une façon générale, la route d'invasion est jalonnée de bouteilles de champagne, de bordeaux et de bourgogne. J'en comptai au moins une à chaque pas, sans parler des campements, où l'on eût dit qu'il avait plu des bouteilles. Cette débauche fait sans doute partie de la tradition des campagnes de France. Toutes les invasions par les armées germaniques s'accompagnent de rasades à la façon des dieux dans le poème de l'*Edda*. Les plus formidables réserves ne sauraient suffire.

Cantonnement à Givonne. Logement en groupe, au château. Destructions très importantes; souvent, aux endroits où il y avait des maisons, on ne voit plus guère que d'énormes entonnoirs, remplis d'une eau jaunâtre. Dans le parc du château, tombes fraîches d'infirmiers allemands qui ont été tués par des bombes. L'automobile du propriétaire est renversée dans la pièce d'eau du parc, les roues en l'air. Je couchai par terre, dans la chambre des enfants, à côté d'une étagère pleine de livres, et avant de m'endormir je feuilletai encore des cahiers d'écoliers.

Boulzicourt, 27 mai 1940.

A huit heures, départ. Partout, le silence de mort qui m'avait déjà frappé en Belgique. Le paysage est comme déserté et l'on n'y voit que des soldats qui avancent sur les routes, avec chevaux et voitures.

Aux premières heures de l'aube nous entrâmes dans Sedan. La ville avait subi de graves destructions; de hautes maisons avaient été écrasées par des bombes, d'autres avaient eu leur façade arrachée, de sorte qu'on voyait, comme dans une coupe transversale d'architecte, l'intérieur de chambres et de salons somptueux, ou des escaliers en spirale suspendus dans le vide.

Dans une ruelle par laquelle nous passâmes, on semblait mener joyeuse vie. On voyait des soldats passer la tête entre les solives nues des toitures, d'autres pencher la moitié du corps aux fenêtres. Ils en descendaient, par des cordons rouges de rideaux, des bouteilles de bourgogne, et j'en attrapai une au vol, comme un poisson happerait l'appât : du Châteauneuf-du-Pape de 1937.

Nous sortîmes de la ville par la route de Donchery, au bord de laquelle je vis des rejetons des fameux peupliers, et ensuite également des ormes. Dans la poussière, à ma droite, un magnifique chat angora, à fourrure noire traversée de reflets de velours brun, mais aplati comme un tapis. Lorsque je me penchai de ma selle pour le voir de plus près, une odeur de pourriture s'éleva vers moi. Dans les jardins, des pivoines rouges entre lesquelles des lapins rongeaient des salades. Brève halte, heureusement près d'un hangar plein de chaussures et de couvertures où je puisai pour reconstituer nos stocks. Mon caporal-cuisinier, qui marcha quelque temps à côté de moi, me raconta que son grand-père avait traversé ce village en 1870, et son père en 1914; c'était maintenant son tour.

Non loin de la fameuse maisonnette, le général se tenait au bord de la route. Il salua la compagnie et, lorsque je me présentai à lui, il me demanda comment j'allais.

« Merci, fort bien, mon général. Pouvons-nous espérer que nous verrons encore le feu?

– Ça viendra, ça viendra. Vers Saint-Quentin. »

Nous continuons à traverser d'étonnants paysages. Aucun âtre ne fumait ni dans les villes ni dans les campagnes; pas un enfant, pas un être vivant. J'appuyais parfois le front contre les vitres d'une fenêtre et j'apercevais à l'intérieur des tables mises, avec verres et assiettes, – mais point de convives : le spectacle de repas brusquement interrompus. Dans les églises, les objets du culte, en or et en argent, étaient encore sur les autels, et dans les châteaux la vie semblait endormie comme dans le palais de la Belle au Bois dormant, – morte, morte, morte. Spectacle étrange, dans certains villages de longues rangées de sièges bordaient le trottoir, depuis le simple escabeau de cuisine jusqu'à de somptueux fauteuils en bois doré et en velours rouge, mais tous étaient vides, comme si des esprits y avaient pris place. J'interrogeai sur ce qui était arrivé l'unique habitant que je rencontrai, et il me conta que des soldats étaient venus avec des camions pour assurer l'évacuation dans les délais les plus courts. Le maire était ivre, me dit-il, et le désordre fut effroyable. Ce récit me réconforta quelque peu, car je me rendis compte que les images qui m'oppressaient étaient dans la nature de l'événement et que nous n'en étions pas les seuls auteurs. Les choses sont ainsi faites que le *nomos* abandonne toute maison délaissée; les pénates ni les dieux lares ne demeurent seuls. Ce spectacle permet du moins de juger l'importance du travail invisible qu'accomplit la famille.

L'ensemble était un immense foyer de mort dont la traversée me bouleversait profondément. Durant une période passée de ma vie spirituelle je me plongeais fréquemment en des visions d'un monde complètement mort et déserté par les hommes, et je ne nie point que ces sombres rêveries m'aient donné des jouissances. Je voyais ici cette idée réalisée, et j'inclinais à penser que si les soldats eux aussi avaient été absents, l'esprit n'eût pas tardé à en être troublé : ces deux jours m'ont en tout cas fait éprouver à quel point le spectacle de la destruction l'arrache violemment à son équilibre.

D'ailleurs, je conversai de temps en temps, durant le parcours, avec notre sous-officier armurier, qui faisait des observations très judicieuses et qui, lorsqu'il eut remarqué mon goût pour ces sortes de découvertes, se plut à me précéder à bicyclette pour me rapporter en quelque sorte, à son retour, les images qu'il avait saisies au vol. Il me fit observer par exemple combien il était étrange que les instruments de musique eussent été partout détruits les premiers, ce qui montre de façon symbolique combien Mars est contraire aux muses; autant que je me souvienne, un grand tableau de Rubens illustre précisément ce thème « Mars et les Muses ». En revanche, les miroirs étaient pour la plupart intacts, parce que – ainsi qu'il me le fit remarquer – on en a besoin pour se raser; sans doute trouverait-on encore d'autres explications. Détail caractéristique de la démonologie, malgré la rapidité de l'avance, il y a toujours des gens qui trouvent le temps d'exposer toutes sortes d'objets absurdes aux fenêtres des maisons abandonnées : oiseaux empaillés, chapeaux hauts de forme, bustes de Napoléon III, mannequins de couturières, etc...

Au bord de la route, des avions écrasés, dont l'un, derrière Sedan, était tombé sur un toit, qu'il tenait agrippé entre ses ailes. Par sa chute, il avait non seulement carbonisé la maison mais encore grillé les feuilles des arbres à l'entour. Dans un bois, des tanks, d'où se dégage une odeur de cadavres.

Au commencement de l'après-midi, à Boulzicourt où nous cantonnons. Conférence dans un jardin; je trouvai les visages des officiers plus émaciés, leurs physionomies comme coulées en un bronze plus pur.

Comme je traversais au crépuscule la place du marché en ruines, je tombai sur une sorte de bal masqué. Des soldats affublés de chapeaux hauts de forme, de canotiers de paille, de casquettes de cheminots et de casques coloniaux tournaient en rond sur des motocyclettes et des autos veuves de leurs pneus qu'ils avaient, tant bien que mal, mises en marche.

Des maisons aux volets déchiquetés, sur les portes des inscriptions comme : « Cadavres dans la cave » ou : « Prenez garde aux mines!» tracées sans doute par ceux qui voudraient se réserver le cantonnement. Plus loin, une boucherie sur les étals et les blocs de laquelle sont restées d'énormes masses de viande; une odeur effroyable s'échappe par son grillage rouge.

Nous gagnons notre cantonnement par un petit pont, en passant entre des cadavres de chevaux. D'autres bêtes sont étendues dans les jardins, un grand dogue, au pelage jaune gonflé par le soleil de ces journées chaudes.

Dans ma chambre je bus encore ma bouteille de

Châteauneuf-du-Pape tout en songeant à Burckhardt dont c'était le vin préféré.

On peut dire que ses craintes se sont réalisées. Entre-temps, je feuilletai des papiers que le propriétaire semblait avoir rassemblés, mais qu'il avait finalement oubliés dans la hâte du départ, et je trouvai entre autres son contrat de mariage.

Doumely, 28 mai 1940.

Après le réveil, promenade à travers les jardins, où couraient des lapins, tandis que les poules s'étaient déjà éloignées vers la campagne. On les voyait perchées, l'air effarouché, dans les haies des pâturages. Café, puis départ vers dix heures. Comme deux chevaux boitaient, j'abandonnai un chariot de parc, au grand étonnement du conducteur du train, qui parut trouver cet ordre complètement incompréhensible.

Nous poursuivons notre route par Villers-sur-Mont, Poix-Terron, Montigny-sur-Vence, toujours accompagnés par les mêmes images. Des maisons vides, désolées, des chevaux morts, et sur les pâturages du bétail abandonné qui meugle. Halte de midi à La Lobbe. Nous installâmes une table sur la route et arrosâmes de bourgogne notre bouillon qui avait été préparé avec des poules récoltées à Boulzicourt.

Le soir, à Doumely, dans une maison déjà fort branlante. Je couchai encore au lit, mais tout habillé, les quartiers de ma selle sous la tête.

Bucy-les-Pierrepont, 29 mai 1940.

Départ matinal, après cinq heures de repos sur lesquelles empiétaient encore, comme d'habitude, les ordres, la distribution de la soupe et toutes sortes de corvées, les réduisant presque de moitié. Nous fîmes encore un fameux trajet, de sorte que nous avons en somme parcouru une étape de quatre-vingt-dix kilomètres coupée par une longue pause.

Par Porcien, Wadimont, Fraillicourt. C'est une contrée où j'étais déjà venu en 1915. Je me souvenais de ses maisons en craie blanche, de ses portes et fenêtres si joliment bordées de lisières de briques rouges. Sous le crépi des murs, délavé par le temps, apparaissaient encore des poteaux indicateurs et des inscriptions qui rappelaient notre passage d'autrefois. J'avais le sentiment étrange de les lire comme à travers des rayons X.

Dans le premier village que nous traversons, à Adon, des tombes toutes fraîches sur la place, où une cuisine roulante avait, la veille, distribué la soupe à la lumière, donnant ainsi à un avion l'occasion de lâcher ses bombes. Trente-deux morts; lambeaux d'uniformes dispersés.

La marche était très fatigante, mais les hommes se tenaient bien. D'autres fournissent peut-être un effort égal au combat, mais voir accueillir sans une réplique, sans un mot de dépit l'ordre de repartir, après une marche pénible et sans avoir pu prendre le moindre repos, me parut vraiment extraordinaire. Ils marchent ainsi en silence, très modestement, jusqu'aux limites des forces humaines.

Après-midi, à Bucy-les-Pierrepont, dans un de ces villages taillés de façon caractéristique dans la craie. Au seul puits intact, les cuisiniers et les conducteurs attendaient en longue file leur tour de puiser de l'eau. Sur la place, deux chars de combat : un petit char allemand et un char lourd français, baptisé « Athos », sans doute par un lecteur des *Trois mousquetaires.* Je m'y glissai et je constatai une fois de plus que je ne me sentais guère à mon aise dans ces engins qui sentent l'huile, l'essence et le caoutchouc brûlé.

Promenade dans les jardins où s'ébattaient poules, lapins et cochons. Il y avait aussi des charognes répandues sur les plates-bandes. Je mangeai des petits pois, des carottes et j'arrachai des radis. Nous avions encore quelques chevaux hors d'usage et j'abandonnai un nouveau chariot.

Le soir, plus de mille prisonniers français traversèrent le village. Je parlai à plusieurs d'entre eux; ils me racontèrent que la guerre n'avait duré pour eux qu'une dizaine de minutes qui avaient suffi à un régiment blindé allemand, me dit un Alsacien, pour les « cueillir ».

Landifay, 30 mai 1940.

Ordres à minuit. Aussitôt, réveil et marche par Ebouleau, Marle, Le-Hérie-la-Viéville. A Marle, nous passâmes devant un énorme dépôt de vin dont le contenu était distribué à la troupe. Je fis tirer deux tonnelets de vin rouge et l'on m'offrit en outre une bouteille de cognac.

Cadavres d'animaux : surtout des chevaux, tout gonflés, avec des sexes démesurément grossis. Des mouches bleues, vertes et dorées sillonnent leur robe tendue; des guêpes aussi rongent leur peau. On les voit, mourant d'épuisement, se dresser encore sur leurs pieds de devant, lorsque d'autres chevaux passent, et lever le col comme pour un dernier appel. Des chiens aussi, écrasés par des voitures ou morts de faim à leur chaîne; des vaches, des poulets, des moutons, beaucoup de lapins et de chats. A plusieurs reprises je crus avoir entendu des clameurs de bêtes enfermées dans des bâtiments clos.

Cantonnement à Landifay, dans une maison vide.

Landifay, 31 mai 1940.

Jour de repos à Landifay. Pendant la nuit, je rêvai que je marchais toujours.

L'après-midi je fis le tour des fermes abandonnées et visitai les environs immédiats. Le temps était venteux mais lourd. Je remarquai que dans la solitude complète, loin de la troupe, on ne tarde pas à éprouver un sentiment de peur. Je lus des lettres, je regardai des tableaux dans des maisons abandonnées, comme s'il s'était agi de documents d'un temps passé.

Des aviateurs atterrirent au château, pour préparer le cantonnement d'un état-major. Ils arrivaient de Boulogne, ainsi que me l'apprit un commandant avec lequel je causai. J'entendis de sa bouche des détails étonnants pour quelqu'un qui a connu les batailles de matériel. Les grandes barrières d'autrefois, telles que la Somme, Verdun et les Flandres, s'étaient si fortement imprimées dans nos souvenirs que nous croyions trop facilement à l'imprenabilité de positions fortifiées. Mais il semble que, dans la course sans fin entre le feu et le mouvement, le feu ait finalement perdu l'avantage, à telles enseignes que les unités rapides ont souvent opéré très loin de l'infanterie. C'est ainsi que le commandant fit une fois un cantonnement à deux journées de marche en avant de sa propre infanterie, et la châtelaine, qui ne connaissait sans doute pas les uniformes allemands, lui déclara que les chambres étaient déjà prêtes... à l'intention – on le découvrit un peu plus tard, – d'un état-major anglais qui s'était précisément annoncé pour le même jour. Des faits de ce genre rappellent la guerre de Sept Ans.

Gercy, 1er juin 1940.

La nuit, beaucoup de rêves, comme si des sujets nouveaux avaient tissé leur toile dans les maisons abandonnées, où la végétation des songes commençait à foisonner. Il me semblait voir le noyau ou le squelette de cette guerre.

Deuxième journée de repos à Landifay. Le matin, appel en bottes, ensuite promenade jusqu'à une ferme située à quelque distance. Un dindon, des poules, des canards au plumage métallique et au bec rouge, orné de crêtes, dans la cour déserte.

Dans les greniers, laine, avoine, maïs et blé. Dans la salle à manger un grand repas de fête était servi, avec beaucoup de verres sur des nappes blanches. Les reliefs de poulets et d'oies étaient restés sur les plats, mais commençaient à sentir mauvais. Parmi les bouteilles de vin à moitié vides, il y avait aussi des flacons d'huile d'olive et de médicaments à usage vétérinaire, où les riboteurs pressés avaient sans doute cru trouver des liqueurs.

Je commençai par explorer les poulaillers à la recherche d'œufs, puis comme grisé par la solitude, je m'amusai à toutes sortes de farces. C'est ainsi que j'escaladai la tourelle d'un réservoir d'eau. Dans un des couloirs j'avisai un grand extincteur d'incendie et, comme je n'avais jamais vu fonctionner ces engins, je l'appuyai contre le plancher et en tirai un jet d'écume blanche. Mais soudain je me sentis fatigué de ces divertissements et rentrai au village. Je fis nettoyer le cantonnement et nous abattîmes un taureau. Nous achevions de ranger, lorsque l'ordre de départ arriva.

Une marche de nuit nous mena jusqu'à Gercy, où nous trouvâmes encore quelques habitants. Nous fûmes logés tous trois chez une vieille dame qui nous reçut comme si notre présence l'exposait au pire.

Gercy, 2 juin 1940.

Conversation avec la vieille dame, qui a soixante-dix ans. Ses enfants et ses petits-enfants sont partis, elle ne sait où. Elle nous raconta qu'à notre approche une sorte de panique avait éclaté. Tandis qu'une escarmouche s'engageait aux abords de Gercy, sa fille s'était jetée dans une automobile, avec ses enfants, et avait pris la fuite, cependant que des projectiles sifflaient autour de la voiture. Il me parut que la vieille femme dépérissait comme une plante dont on a ébranlé les racines. Je la réconfortai et je recommandai aux ordonnances, qui sont très raisonnables, de la décharger de tout travail, même de la cuisine.

A l'église, qui est abandonnée. Cependant, l'aumônier, qui est resté, sonne les cloches. A la sacristie, une petite réserve de vin de messe. Mais il semble que des esprit altérés aient vérifié le précepte canonique : *Vinum sacramentale debet esse de germine vitis et non corruptum,* car les bouteilles vides jonchaient le sol.

Le soir, chez le commandant. Feuilleté chez lui un ouvrage en plusieurs volumes qui contient les reproductions des tableaux du Louvre. Ce faisant, je pensai à un dialogue vieux de soixante-dix ans, entre Nietzsche et Burckhardt, sur le destin de ces collections.

Gercy, 3 juin 1940.

Deuxième journée de repos à Gercy, que d'autres suivront peut-être. Après les opérations du Nord les troupes blindées s'apprêtent sans doute à foncer sur Paris. Notre division, elle aussi, soutiendra cet assaut, mais par suite de la rapidité inattendue et jusqu'alors inconnue des attaques, je doute fort que nous rencontrions des troupes armées, à moins que l'avance soit freinée dans la région de la Marne. Ce qui me semble surtout inquiétant pour notre adversaire, c'est que nous n'apercevons pas le moindre avion français.

Je cause souvent avec la vieille dame, Mme Robeau, qui me confie qu'elle a retrouvé le sommeil depuis que nous sommes dans sa maison.

Gercy, 4 juin 1940.

Promenade matinale à cheval, à travers prés et champs. Les hautes herbes sont pleines de sève, parsemées de composées jaune d'or, de marguerites dont les ombelles frôlent les flancs des chevaux, et de trèfle d'un incarnat clair tel que je n'en ai vu que sur les pentes montagneuses de la Sicile.

Après-midi, réunion des officiers chez le colonel Köchling. Il semble que notre séjour ne doive plus guère se prolonger ici. Le soir, nouvelle promenade à travers les maisons abandonnées; poussant la porte de l'une d'elles, je me trouvai devant un grand chien noir qui me regarda d'un œil inquiétant. Je m'empressai de passer dans une autre pièce, où je vis sur un divan un dogue jaune, et par terre un griffon blanc qui aboya furieusement contre moi. Il semblait que ce fût ici le lieu de réunion des chiens orphelins.

Les fleurs des jardins : un iris mauve, à brosses d'étamines jaunes d'où m'a toujours paru émaner une influence érotique. La jouissance des abeilles et des bourdons qui les pompent doit être extraordinaire. Peut-être toutes nos théories sur les animaux qui vivent en essaims sont-elles complètement fausses. Plus loin, les dernières pivoines, et du phlox dont l'odeur se dégageait, étourdissante, à la tombée de la nuit. A cette heure-ci, ses couleurs, elles aussi, se raniment et des phalènes voltigent autour de lui. Le phlox, la fleur de flamme, en lui-même a peu d'apparence, mais en grandes quantités il prend de l'opulence. C'est la conversion hegélienne en qualité.

Gercy, 5 juin 1940.

J'ai encore parcouru ce matin cette belle campagne, à cheval, pour aller discuter des formes nouvelles du combat d'attaque. On peut maintenant progresser comme nous avions rêvé de le faire en 1918. La Picardie avec ses pentes douces, ses villages sertis dans les vergers, ses pâturages bordés de hauts peupliers – que de fois ce paysage m'a enchanté! On sent ici de façon tout élémentaire que l'on est en France, c'est pourquoi vallées et coteaux ne peuvent jamais être perdus pour la patrie.

Je cause tous les jours longuement avec mon hôtesse, ne serait-ce qu'afin de m'exercer. Et c'est pour moi l'occasion d'apprendre bien des choses...

Le soir, dîner chez le commandant. Après le repas, un motocycliste du régiment apporta l'ordre de se tenir prêts à partir dans une heure. La nouvelle attaque aurait été déclenchée ce matin; nous n'avons rien entendu. Je trace ces lignes pendant que Rehm fait mes bagages.

Toulis, 6 juin 1940.

Avons marché jusqu'à Toulis, où nous sommes arrivés à quatre heures du matin. Cantonnement dans une grande ferme, les hommes dans les granges, les chevaux à la belle étoile, les voitures et les cuisiniers dans la cour. Au lit, mais couché sur mes quartiers de selle, dans une petite pièce pillée de fond en comble, où il ne restait qu'un grand portrait de femme : un daguerréotype du temps de Flaubert, d'une substance érotique encore très dense. Avant de m'endormir, j'éclairai du fond de mon lit, avec ma lampe de poche, cette beauté étroitement corsetée et j'enviai nos grands-pères. Ils ont cueilli les primeurs de la décomposition.

La marche de nuit nous fit côtoyer de nombreux cadavres. Pour la première fois nous allions droit au feu, que l'on entendait à faible distance, avec le lourd croulement des arrivées. A droite, groupes de projecteurs, et au milieu d'eux, des fusées jaunes – probablement anglaises – qui planaient longtemps dans le ciel.

Comme nous pouvions être d'un instant à l'autre engagés dans la bataille, j'essayai nos mitraillettes dans l'après-midi, sous un violent soleil, en compagnie de mes chefs de section, et je me convainquis de leur réelle puissance de feu. Je fis placer devant une meule de paille une rangée de bouteilles vides – dont nous ne manquons pas ici – puis je fis diriger le feu sur elles : chaque courte salve faisait éclater une bouteille. L'exercice fut fatal à un vieux rat de belle taille qui surgit tout à coup, le museau ensanglanté, de sa cachette de paille et que Rehm acheva d'un coup de bouteille.

En cours de route, conversation avec un vieillard français qui avait assisté à trois guerres, car il se souvenait encore d'avoir vu, à l'âge de cinq ans, la guerre de 1870. Marié, trois filles. Comme je lui demandais si elles étaient belles, il me répondit avec indifférence, balançant la main : « Comme ci, comme ça, » D'ailleurs cette rencontre me montra la dignité que prête à l'homme une longue vie de travail.

Très chaud. A l'église. Dans une de ses nefs latérales, sur la paille, un groupe d'antiques femmes aux bouches édentées, buvant dans des bols de la soupe distribuée par une jeune fille. Elle s'est ensuite assise sur un banc et dit des prières.

Au cimetière. Deux hommes creusent une tombe pour un vieillard, le troisième des réfugiés morts ces jours-ci. Ils fouillent dans ce sol peuplé de morts; l'un d'eux exhume un crâne.

*

Caractéristiques de la guerre et des catastrophes du destin, en général : ces changements à vue qui font apparaître notre engagement dans la bataille tantôt impossible tantôt certain. Nous restons ainsi dans l'incertitude, jusqu'à ce que le feu arrive quand même. Or, dans les projets des grands chefs, tout était depuis longtemps déterminé à l'avance. C'est une parabole de la vie : nous n'évitons jamais le danger.

*

Réflexions durant ma dernière chevauchée de nuit sur la machinerie de la mort : les bombes des Stukas, les lance-flammes, les différentes sortes de gaz toxiques, bref tout le formidable arsenal de destruction qui déploie sa menace sur l'homme. Tout cela n'est que théâtre, pure mise en scène, qui varie avec le temps, mais qui n'était pas moins terrible à l'époque de Titus. Chez les primitifs non plus l'on n'était pas à l'abri de pareils dangers; on pouvait rencontrer parmi eux des tribus expertes aux tortures les plus raffinées. La terreur de la destruction se représente *toujours,* comme sur les antiques images de l'enfer, par le foisonnement des dispositifs techniques.

Mais la distance absolue qui nous sépare de la mort demeure éternellement la même. Dès lors que nous sommes décidés à la franchir, tout le reste n'est plus que du domaine de l'imaginaire ou de la tentation. Les visions que nous rencontrons sur cette route sont les mirages de notre faiblesse : elles varient avec l'époque où nous naissons.

Laon, 7 juin 1940.

Passé encore cette nuit à Toulis, sans doute à cause des résistances que l'attaque a dû rencontrer dans notre secteur. Les Français se défendent sur les hauteurs du canal de l'Aisne à l'Oise, et dans l'après-midi d'hier la XXVe division a réussi à progresser dans les bois au sud de Sancy. Notre XCVIe division reste provisoirement dans l'espace qui lui est assigné, mais peut être appelée d'une heure à l'autre à intervenir.

Vers midi, départ pour Laon, visible de loin sur son éminence. Cette ville, où j'avais déjà séjourné en 1917, est restée dans mon souvenir comme le noyau roman d'une citadelle avancée, et mon sentiment ne me trompe pas : l'on y sent l'atmosphère qui flotte autour d'antiques sanctuaires.

Sur la route, encore des cadavres de chevaux – dont deux flottant sur la nappe d'eau d'un énorme entonnoir – et des tanks criblés de balles. D'importantes destructions aux voies d'accès de la ville; dans les faubourgs, des scènes de barricades.

Chaleur étouffante, même en ville. Je fis former les faisceaux et dépêchai des fourriers pour préparer le cantonnement dans le quartier qui nous avait été assigné. Spinelli et moi, nous étions assis en de confortables fauteuils de coiffeur que nous avions pris dans une boutique et placés dans la rue, lorsque le général passa et me cria que Soissons était pris et que le canal de l'Aisne avait été franchi en trois points.

Cantonnement en bordure de la ville; je m'installai avec mes deux officiers dans une villa précédée d'une terrasse spacieuse et entourée d'un grand jardin. Comme il y a encore beaucoup de caves pleines, j'envoyai en reconnaissance une voiture qui ne tarda pas à revenir, chargée de fûts et de bouteilles de vin rouge. Pour ce genre d'expéditions, il faut choisir des gaillards dégourdis, qui ne tardent pas à se révéler. Les autres vous reviennent avec du vinaigre en guise de vin, et rapportent des pots de couleurs au lieu de boîtes de conserve. Je fis encore abattre un bœuf, parce que la viande du ravitaillement était tournée. Je le désignai du haut de ma terrasse, au milieu d'un grand troupeau de bétail qui paissait dans les jardins. Depuis les temps les plus reculés, l'abondance de viande est signe de victoire récente.

Une bonne partie de la compagnie s'était équipée de bicyclettes, au nombre desquelles on voyait des vélos de femmes, des tandems et des vélomoteurs.

Le colonel en est offusqué, comme de voir les véhicules décorés de symboles grotesques. Il s'est astucieusement posté à l'affût auprès d'une fontaine et a immédiatement envoyé au bloc un homme qui marchait à côté de la colonne, affublé d'un casque colonial.

Je trace ces lignes après avoir pris une douche à la salle de bain, assis sur la terrasse, tout en sirotant des liqueurs telles que Cointreau et fine champagne, que nous avons trouvées dans le bar de notre logis. A la distance d'une petite étape à pied, du côté du Chemin des Dames, résonne le feu des artilleries : lentes accumulations d'éclatements, semblables à des écroulements de montagnes. Elles tissent sans répit leur effroyable dialogue. Lorsqu'on les entend comme je les entends *en ce moment-ci,* on sait qu'il y a chez les hommes, dussent-ils parler le langage des anges, une limite tracée à la parole. Alors s'élèvent ces voix d'airain et de feu, faites pour inspirer la peur – et vraiment les cœurs sont éprouvés jusqu'à leur tréfonds.

Laon, 8 juin 1940.

Lu ce soir Bernanos, – probablement le premier livre que cet écrivain ait publié après son départ pour l'Amérique du Sud. Je l'ai découvert ici, dans la maison, et avant de m'endormir, j'ai médité sur la situation de cet esprit qui tient de la parabole. Avant mon départ pour Paris, Steiner m'avait vivement engagé à lui rendre visite; et peut-être est-ce sa notoriété seule qui m'en a empêché, car parmi toutes les connaissances que l'on peut désirer, la rencontre de gens célèbres me tente le moins. Il semble que dans la mesure où nous nous faisons un nom, nous subissons une perte de qualité, singulièrement de celle que l'on pourrait appeler la qualité de prochain. Dans la mesure où les hommes prennent de l'importance aux yeux de la masse, ils perdent de leur valeur en tant que prochain. Cela est particulièrement apparent chez les femmes : combien plus précieux est le don de la première venue, que celui des étoiles représentées sur toutes les couvertures de revues.

Réveillé en pleine nuit par une bombe qui est tombée dans les environs. Je voulus descendre à la cave, mais ne retrouvai pas mes chaussures. J'y renonçai alors et ne tardai pas à me rendormir.

Le matin, je fis avec Spinelli une promenade dans les jardins ensoleillés, sur le versant de la montagne. Roses, pivoines blanches, jasmin. Entré dans plusieurs maisons dont quelques-unes avaient reçu des projectiles. Dans l'une d'entre elles on apercevait, à travers le mur troué de la salle à manger, une poupée de soie, posée négligemment sur le rebord d'un buffet qui surplombait le vide. Je pris dans un placard de linge une serviette dont j'avais besoin. La récupération doit être soumise à certaines limites, que je m'efforce d'inculquer clairement à mes hommes. C'est ainsi que le soldat a le droit de s'approprier une cuiller lorsqu'il a perdu la sienne, – le cas échéant même une cuiller en argent si le hasard la lui procure, mais non pas s'il a également à sa portée une cuiller en fer-blanc. Nous atteignîmes le mur de la citadelle à l'endroit où y sont gravés, l'un au-dessous de l'autre, les millésimes 1598 et 1498.

Pour le dîner, Rehm avait récolté dans les jardins les premières pommes de terre et les premières cerises de la saison. Auparavant, je m'étais adonné à ma vieille passion de cueillir des pois verts à même les rames. Il me semble absorber ainsi la quintessence des forces les plus subtiles de la nature.

Laon, 10 juin 1940.

Hier, tandis que les autres bataillons du régiment se dirigeaient sur Soissons, le nôtre fut, à notre vif dépit, détaché pour quelque temps de la IXe armée, et chargé de maintenir l'ordre à Laon en attendant l'arrivée d'autres unités. Dans le cadre de cette mission, on me chargea de veiller sur la partie supérieure de la ville, en particulier sur la citadelle, le musée et la cathédrale.

L'anarchie règne encore dans la ville haute, surtout la nuit. Sans doute est-elle presque complètement évacuée, mais il reste toujours en ces circonstances un certain déchet qui se mélange facilement aux mauvais éléments que l'on rencontre dans toute armée quelle qu'elle soit. Je prescris donc de fréquentes rondes et patrouilles dans les ruelles étroites de la ville, en donnant à mes hommes pour consigne d'arrêter quiconque sera trouvé sans motif valable dans les maisons abandonnées, ainsi que les ivrognes et suspects de toute sorte, que j'ordonnai d'enfermer dans les casemates de la citadelle pour en faire moi-même le tri à l'heure de midi.

La citadelle, une haute et ancienne construction, n'a aucune valeur militaire. Elle ne servait que de caserne pour la troupe et j'en trouvai la grande cour, les fossés, les casemates et les bureaux dans un état indescriptible. Des pièces d'équipement, des armes abandonnées, des meubles, des automobiles, des fûts pleins de vin et des caisses de conserves s'y amoncelaient, pareils aux épaves de bateaux perdus en mer ou aux restes de quelque marché aux puces qu'un vent de tempête aurait bousculé.

J'établis un poste de police au musée, qui contient une modeste collection d'intérêt local. J'y vis un portrait de Greuze, des tableaux des frères Lenain, qui sont nés à Laon, une belle copie de Rubens par Delacroix. J'aimai surtout une nature morte offerte par la ville à Napoléon III : des pêches et des asters dans un soleil cru, puis un iris dont on voit briller le bleu clair dans une ombre disposée avec art. L'ardeur et la fraîcheur s'y équilibrent merveilleusement. Je fis dresser un état de la collection. Il manquait trois tableaux; un coffret ayant contenu des pièces de monnaie avait été vidé.

Enfin je désignai un poste de garde pour la cathédrale. Il devait fournir un guetteur contre avions sur la tour, une double sentinelle devant le portail, et assurer à l'intérieur une ronde chargée de remplir l'office du marguillier et de veiller à la tenue des visiteurs. Après ma première et rapide visite de la veille, je m'attardai ce matin dans la haute nef, qui me parut aussi merveilleuse qu'au premier jour. Je ne crois pas qu'on puisse sous-estimer ce monument. Je fus surtout saisi par la simplicité des lignes, par la sobriété avec laquelle les colonnes s'effeuillent dans les chapiteaux. On pressent ici la puissance formidable de siècles futurs qui ne sont encore qu'en germe.

Au sommet de la tour, d'où j'embrassais du regard les voies ferrées, les routes encombrées de voitures en marche, les aérodromes, où les avions ne cessaient de se poser pour bientôt reprendre leur vol, je sentis l'accord entre ce temps passé et notre époque. Je sentis surtout que le passé ne doit pas m'échapper et je me fis le serment de ne plus jamais oublier désormais ce que je dois aux aïeux.

Les chimères qui regardent au loin dans la campagne. Les unes, précisément inspirées du monde zoologique, rappelant la chauve-souris, le lynx, le loup, le chat, et, à gauche, en bas du grand portail, jusqu'à un hippopotame, qui reproduit de façon très exacte la position des oreilles de cet animal. D'autres comme les têtes des mauvais moines, portent l'empreinte d'un art transcendant des physionomies. Mais les plus étranges sont celles qui ressortissent à l'empire des démons; ce sont des pétrifications d'expériences mortes sur lesquelles notre regard peut se rassasier d'effroi. Nous sentons qu'on ne peut inventer de tels visages. Je songeai à l'Acropole d'où l'on exhume, à une grande profondeur, sous les fondations, des images semblables. Combien différentes, néanmoins, de ces essaims de génies et de ces meutes d'esprits en plein vent. Combien aussi est étrange la vue des troupeaux de bétail que l'on voit paître derrière la forêt de colonnes de ces tours. Pour la première fois, aujourd'hui, je regarde ces cathédrales comme des œuvres, des œuvres vivantes, loin des mesures mortes du monde des musées. La pensée surgissait aussi que cette église m'était donnée en garde; je la serrais contre mon cœur comme si elle était soudain devenue toute petite.

Je loge avec mes deux officiers dans la rue du Cloître. C'est ici le quartier des notables qui ont tous pris la fuite avec précipitation, en abandonnant leurs luxueuses demeures. Nous trouvons ici un degré de raffinement dans les jouissances de la vie que l'on ne connaissait plus depuis longtemps en Allemagne. Nous sommes vraiment ici des vainqueurs, pareils aux sans-culottes – vainqueurs sinon dépourvus de culottes, du moins vêtus de culottes en fibre de bois – et nous découvrons avec étonnement les trésors que recèle ce monde. Par exemple, la cave de mon hôte inconnu, avec sa collection de vins de bourgogne dont les étagères et les porte-bouteilles garnissaient les murs du haut en bas. Ce serait assurément faire preuve d'une grande sottise que de ne point profiter de si bonnes choses. Aussi avons-nous tenu tous trois, dès hier, une séance de dégustation à la lueur des chandelles, et nous avons accordé à un délicat Clos Vougeot le premier prix, à un Chambertin le second prix. Un Beaune de 1934, qui portait cette belle devise « j'aime à vieillir », était, lui aussi, remarquable.

La nuit, température lourde. Encore des bombes dans le voisinage, crépitements... Lisant au lit, j'entendis l'avion bourdonner au-dessus des toits comme un insecte dangereux. Poursuivi ma lecture de Bernanos. L'expérience du nationalisme allemand m'a suffisamment préparé à comprendre des discussions comme celles qu'il engage ici avec Maurras : ces sortes de débats sont utiles lorsque toute cette force finit par se déverser dans l'armée, de même que les averses sans nom tombées de jour et de nuit, dont l'énergie actionne les moulins dans la vallée. Mais les polémiques d'un esprit aussi éminent sont toujours pénibles, quelque justifiées qu'elles puissent être. Chaque remarque de polémique que l'on garde pour soi est un mérite que l'on s'acquiert, et cela d'autant plus qu'elle contenait plus d'esprit.

Entre-temps, Maupassant, que j'ai trouvé dans une petite édition à bon marché, parmi des boîtes de bonbons et des objets d'un caractère extraordinairement intime, sur la table de nuit, à côté de mon lit. Il est au nombre des auteurs que j'apprends à apprécier de plus en plus : ici la force individuelle balance encore la part d'héritage que l'on y trouve. Il y a une sorte de légèreté qui masque la difficulté et le caractère inimitable du travail, de sorte qu'on commence par la sous-estimer. Seul l'original et la langue appropriée peuvent en donner une idée exacte. C'est ainsi que je sentis à la lecture la parfaite élégance d'un mot aussi simple que « nous faisons »; je le vis scintiller dans la phrase comme un poisson qui bondit hors de l'eau. Inégalables, les pointes qui ressemblent à un reflet suprême où transparaît une dernière fois tout le contenu du conte; elles communiquent en quelque sorte la formule.

Je reviens à Bernanos : il craint que les Etats modernes ne se développent, non plus selon des mesures et des règles humaines mais qu'ils se manifestent comme une espèce d'insectes gigantesques. A première vue, cette inquiétude semble justifiée, mais l'on est ici en présence d'un phénomène historique qui se répète sans cesse et qui est déjà d'ordre secondaire, en ceci qu'il combat, et guérit peut-être, un trouble plus profond. L'histoire de l'humanité dévie vers le machinisme ou vers le démoniaque, mais elle revient aux normes en établissant un nouvel équilibre. Le secret, c'est que la souffrance elle-même crée des forces supérieures de guérison.

*

Réfléchi à des termes comme « beaucoup ». Ce mot est au fond un peu forcé pour exprimer un rapport aussi simple. Sans doute a-t-il été adopté en des milieux déterminés, par des chasseurs ou des pêcheurs par exemple, et est-il ensuite passé dans l'usage général. De même, des mots employés par des étudiants ou par d'autres milieux et que l'on reconnaît à leur saveur particulière entrent aujourd'hui encore dans le langage. D'ailleurs, le mot allemand *viel* produit dans presque toutes les langues des synonymes excessifs.

Laon, 11 juin 1940

De nouveau à la cathédrale, cette fois-ci dans les cryptes que prolongent des forêts de colonnes et des couloirs souterrains. Ensuite dans les escaliers à vis des tourelles et sur les tribunes du haut desquelles le regard embrasse de nouveaux mystères. Au cours de cette visite, je fus surtout saisi par l'inaltérable solidité de l'œuvre qui interdit d'imaginer une exécution meilleure. Et aussi par la puissance terrible du plan qui, presque hors du temps, a contraint des générations au servage. Sur une de ces tribunes je découvris une minuscule chauve-souris desséchée et la gardai en souvenir. Nouvelle visite aux tours, pour étudier les démons.

En rentrant je me rappelai que j'avais encore une lettre à écrire à Friedrich-Georg et que je n'avais pas de plume. Je cherchai donc une papeterie et, n'en voyant pas, je me dirigeai vers le tribunal qui a son siège dans des bâtiments gothiques, à gauche de la cathédrale. Après avoir traversé le vestibule, j'entrai dans la grande salle où je vis, encore posées sur le drap vert du prétoire, comme durant une suspension d'audience, les toques des juges. Je m'assis dans le fauteuil du président et j'étudiai les dossiers du procès qui avait été brusquement interrompu. Mais je ne trouvai pas de plume et je pénétrai successivement dans le poste des pompiers, au greffe, dans les vestiaires des avocats et des juges. Finalement, je parvins dans le cabinet du président et comme j'étais encore essoufflé par l'ascension de la tour, je repris haleine à son bureau. En ouvrant les tiroirs je trouvai une quantité de documents, de lettres, de requêtes. J'appris encore que l'exercice d'une aussi haute fonction doit fatiguer les nerfs, comme l'attestaient maints tubes et boîtes de médicaments. Mais surtout je finis par découvrir dans un petit étui ces plumes pour l'amour desquelles j'étais venu. J'aurais pu à cet instant m'en retourner si un surcroît de curiosité ne m'avait poussé à visiter encore les étages supérieurs. J'y trouvai des appartements où je réquisitionnai, en vertu de mes pouvoirs de soldat, une éponge de caoutchouc dont j'avais besoin. Plus haut encore, aux combles, des liasses d'actes enveloppés de chemises bleues s'amoncelaient, qui devaient reposer ici depuis fort longtemps. Je pris un dossier qui concernait un procès des années 1860 au sujet d'un immeuble et je me plongeai dans cette lecture jusqu'à ce que la nuit tombante effaçât l'écriture.

Ensuite dans l'obscurité la plus complète, tournée en compagnie de Spinelli – que je vois réagir de façon toute différente devant la zone de destruction – pour contrôler les rondes. Nous traversâmes des cours où les chats formaient des groupes silencieux : terribles et solennels. Des boutiques, surtout des boucheries, montaient des odeurs de pourriture. La visite de ces maisons désertes était d'abord excitante, puis lassante, enfin angoissante. Nous entrâmes dans un café où les verres étaient restés à moitié pleins sur les tables de marbre et nous poussâmes d'un coup de queue la seule bille qui fût demeurée sur le drap vert du billard. Nous fîmes ensuite fonctionner des automates vides.

Après bien des allées et venues, nous entrâmes dans une grande maison qui contenait des salles pleines de cartothèques, d'où nous amenions de temps en temps un tiroir, pour le laisser ensuite tomber par terre. C'était le bureau du registre foncier, ainsi que nous l'apprirent plans et dessins. Ensuite, au poste de gendarmerie; des mandats d'arrêt, des passeports et, sur la machine à écrire, une lettre interrompue au milieu d'un mot.

Malgré l'obscurité nous visitâmes encore la bibliothèque où nous entrâmes par le portail écroulé. Nous parcourûmes les salles où j'éclairais de temps à autre un livre avec ma lampe de poche – par exemple une édition des *Monumenti antichi* d'une valeur inestimable. Elle occupait toute une armoire. Il y avait en partie sur le plancher, en partie sur une longue table, une collection d'autographes rangée dans une trentaine de forts volumes. J'ouvris l'un d'eux, au hasard. Il contenait des lettres de botanistes célèbres du XVIIIe siècle : certaines écritures très fines et gracieuses. D'une deuxième liasse je tirai une lettre d'Alexandre Ier, des billets d'Eugène de Beauharnais et d'Antommarchi, le médecin ordinaire de Napoléon. Avec le sentiment d'avoir pénétré dans une caverne mystérieuse, ouverte par un « Sésame », je retournai vers mon logis.

Après minuit, encore des bombes sur la ville.

Laon, 12 juin 1940.

Le matin, sept cents prisonniers me furent amenés pour être logés et gardés dans la citadelle. Je passai en revue cette colonne bigarrée, qui comprenait des représentants de beaucoup d'armes et de régiments différents et j'en détachai un adjudant qui me parut intelligent. Je lui adjoignis un Alsacien comme interprète et lui donnai l'ordre de désigner six chefs de section, dont chacun devait s'entourer de dix caporaux. Chacun de ces caporaux enfin prit avec lui dix hommes. Cependant, avec un morceau de craie, j'avais réparti les locaux disponibles.

En une demi-heure, toute la masse se trouva ainsi organisée et casernée. Ayant appris que nombre d'entre eux n'avaient pas mangé depuis longtemps, je fis l'appel des cuisiniers et vis s'en présenter une douzaine. Je les envoyai aussitôt à la cuisine où il restait des provisions. Auparavant je posai encore une question : « Qui sait préparer une sole meunière? » Un petit bonhomme à l'air dégourdi, du nom d'Arthur, qui avait été ordonnance dans des mess marocains, se présenta. « Ce n'est pas difficile, mon capitaine. » En même temps que lui, un homme avenant et posé, M. Albert, se présenta. Je désignai ce dernier pour être mon cuisinier et lui adjoignis Arthur.

Pour le reste, la succession des mesures qui s'imposaient était la suivante : établissement d'un poste de garde à la sortie, installation du logement des prisonniers, ravitaillement, aménagement de feuillées et règlement de police. En dehors de ces dispositions, je laissai mes bonshommes en paix et leur faisais transmettre mes ordres par leur chef, qui était en quelque sorte le pivot du levier par lequel j'agissais sur eux.

Je remarquai un peu plus tard que la présence des sept cents Français ne m'avait pas inquiété le moins du monde, quoique je ne fusse accompagné que d'une seule sentinelle, plutôt symbolique. Combien plus terrible avait été cet unique Français, au bois Le Prêtre, en 1917, dans le brouillard matinal, qui lançait sur moi sa grenade à main. Cette réflexion me fut un enseignement et me confirma dans ma résolution de ne jamais me rendre, résolution à laquelle j'étais demeuré fidèle pendant l'autre guerre. Toute reddition des armes implique un acte irrévocable qui atteint le combattant à la source même de sa force. Je suis convaincu que la langue elle-même en est atteinte. On s'en rend surtout compte dans la guerre civile, où la prose du parti battu perd aussitôt de sa vigueur. Je m'en tiens là-dessus au « Qu'on se fasse tuer » de Napoléon. Cela ne vaut naturellement que pour des hommes qui savent quel est notre enjeu sur cette terre.

Après avoir pris ces dispositions, j'allai à la bibliothèque pour revoir la collection d'autographes qui me parut encore plus importante que la veille. Dans ses volumineux dossiers, de nombreux documents s'accumulaient, depuis les parchemins des Carolingiens, dans les monogrammes artistiques desquels le souverain achevait la signature par un trait, jusqu'aux autographes contemporains. Il y avait là des lettres et des arrêts des Capet, jusqu'aux brefs de Louis XV et jusqu'au « Louis » de son petit-fils qui a une apparence étrangement craintive. Dans le premier volume je trouvai une lettre de Lothaire qui datait, si mes souvenirs sont exacts, de 972, et dans le dernier, deux lettres du maréchal Foch au président Berthault, du tribunal de Laon. Selon le fâcheux usage des bibliothécaires français, elles avaient été assemblées en 1920 au moyen d'une épingle qui avait laissé des taches de rouille sur le papier et que je me permis pour cette raison de retirer. Je fouillai en ce lieu tranquille comme une abeille dans le trèfle sec jusqu'à ce que la nuit commençât de tomber. Méditation sur la grandeur et la décadence dans la poussière des lauriers.

Deux mots sur la valeur : de tels trésors sont inestimables, on ne les abandonne que lorsqu'on est complètement vaincu. J'ajouterai ceci : tandis que je tenais ces feuillets dans mes mains, je songeai à peine qu'ils valaient des millions et cela sans doute précisément parce que je représentais dans cette ville peut-être la seule âme qui comprît leur valeur véritable. J'envisageai un instant de faire transporter au musée les documents et les elzévirs que j'avais vus, et de les placer sous la garde du poste de police, mais la responsabilité d'ordonner même un tel déplacement me parut trop grande. Je les laissai donc sans serrure ni verrou, à leur place.

Encore à la citadelle, où l'on m'amena un jeune homme d'une colonne de boulangers que l'on avait trouvé endormi dans une des maisons détruites. On me montra en outre une poignée de petite monnaie que l'on avait trouvée dans ses poches : des pièces de nickel trouées, sans valeur. Comme cette affaire risquait de prendre mauvaise tournure et me paraissait un simple enfantillage, je décidai de laisser courir ce garçon, d'autant plus que sa figure inspirait confiance. En pareil cas, il faut étudier la physionomie, le principal et plus sûr passeport dont la nature nous ait pourvus.

La journée avait été chaude et nous passâmes, Spinelli et moi, une partie de la nuit, allongés sur des chaises longues que nous avions fait porter sur le toit plat de la citadelle pour observer l'attaque habituelle des bombardiers. Mais par hasard elle n'eut pas lieu.

*

Avant de m'endormir, j'ai encore repassé en pensée toutes les dispositions prises dans la journée, surtout celles qui concernent les prisonniers. C'est certainement à la faveur d'un moment de bonne humeur qu'elles m'ont coulé de source; d'autant que j'ai perdu dans une mesure croissante le sens de la pratique des choses. Pourtant elles aussi procurent une jouissance à l'esprit. A certains carrefours de notre jeunesse, Bellone et Athéné pourraient nous apparaître : l'une avec la promesse de nous enseigner l'art de conduire vingt régiments au combat, de telle sorte qu'ils soient tous présents à la bataille, tandis que l'autre nous promettrait le don d'assembler vingt mots de façon à former une phrase parfaite. Il est possible que nous choisissions le second de ces lauriers, qui fleurit, plus rare et plus discret, sur le versant rocheux.

Laon, 13 juin 1940.

Ce matin, tour de la citadelle, surtout de ses salles souterraines où voltigeaient les chauves-souris. Je trouvai ici une plaque de marbre consacrée à la mémoire du commandant qui se fit sauter en 1870 avec la chambre des poudres. J'avais le souvenir confus d'avoir lu quelque part cet épisode.

L'après-midi, je remis de l'ordre dans notre cave à vins : encore un travail pour le roi de Prusse, puisque notre séjour ici doit se compter tout au plus par jours. Le maître de céans était amateur de bourgogne, dont il possédait plus de trente variétés, entre autres six sortes de Beaune. Pour ce travail j'avais choisi parmi les prisonniers un garçon de café de Montmartre qui avait des notions suffisantes. Tandis qu'il remettait à leurs places les bouteilles que des buveurs pressés avaient retirées des étagères et que j'en dressais l'état, nous causâmes de vins, d'huîtres, d'entrées et de bouillabaisse. Mon partenaire avait une grande expérience de ces questions de goût, de même que pour les femmes qu'il classait par provinces. C'est ainsi qu'il compara les Marseillaises et les Parisiennes. Les femmes de Marseille, dit-il, étaient moins froides et, de plus, d'un prix plus abordable. Avant de le congédier je lui permis de prendre une bouteille de son choix; il emporta un vieux pommard dont le bouchon était presque pourri.

Couché de bonne heure, je lus encore jusqu'après minuit. J'achevai l'étude de Crépet sur Baudelaire qui me parut un modèle du genre. Elle comprend une biographie, une partie documentaire-anecdotique et un appendice qui contient les lettres à/et sur Baudelaire. L'homme est ainsi représenté avec son *aura.*

Détails : la lettre de Victor Hugo proclamant que l'art est le serviteur du progrès. Excellente, la remarque de Baudelaire sur Hugo dans une lettre de 1864 : « Ce poète en qui Dieu, par un esprit de mystification impénétrable, a amalgamé la sottise avec le génie. » C'est là, en effet, un mélange fatal, quoiqu'il recèle peut-être la clé du succès, de la popularité. Des livres comme *Les Misérables* ressemblent à des ponts de bateaux qui ont été jetés à l'intention des masses. En revanche, d'autres esprits perdent tout intérêt pour une Muse qui produit des enfants pareils. Cela me rappelle une conversation que j'eus en 1938 avec Janin, à la suite de l'après-midi passée chez Gide – : il semble que les étrangers ne remplissent pas certaines conditions nécessaires pour partager l'extraordinaire estime où les Français tiennent Hugo. Au surplus, le jugement sur lui, comme sur la plupart des grandes figures du XIXe siècle, à commencer par Napoléon, ne s'est pas encore fixé.

En 1866, un certain Pechmeja, de Bucarest, écrivit une lettre à Baudelaire. Il loue entre autres le poème « Elévation » et dit que « si les lettres qui concourent à former des vers de ce genre, étaient traduites par des nuances et des formes géométriques, ils offriraient la contexture des tapis persans ou des châles de l'Inde ».

Je feuilletai ensuite une biographie de Gauguin dont la figure fait prévoir bien des changements à venir, surtout par son mélange de nervosité et de brutalité. On voit survenir ensuite des gaillards tout nus.

Profondément endormi, je fus tiré de mon sommeil vers une heure par une violente pression d'air. Des escadrilles ennemies survolaient la ville et jetaient des bombes. Tantôt près, tantôt loin, les séries d'explosions se succédaient, parfois interrompues par des chutes isolées d'une force effroyable qui résonnaient dans la nuit. A d'autres moments, les avions volaient à ras des toits. L'attaque dura environ deux heures, pendant lesquelles je me rendormis plusieurs fois. Par moments, je me dressais dans mon lit, appuyé sur mes bras tendus. La ville était plongée dans un profond silence comme si tout était mort; seule la pendule du cabinet de travail, au rez-de-chaussée, annonçait les quarts par un joyeux carillon.

Laon, 14 juin 1940.

Visité ce matin les nouveaux postes que j'ai établis à l'arsenal et en d'autres points. Des voitures renversées et des animaux morts au bord des routes. A l'entrée de l'usine de filtres à gaz, une grosse voiture avait broyé un chien ou un chat de telle façon qu'il n'était plus resté qu'une large tache rouge. Je n'aurais pas cru être en présence des restes d'un être vivant si je n'avais vu six petits corps informes, six embryons qui entouraient cette tache sombre en forme d'hexagone. Pareils à des boules gélatineuses dans leur enveloppe lisse d'œuf, ils avaient échappé au poids de la roue et avaient seuls gardé forme au milieu de ce massacre. J'eus le sentiment qu'ici – ne fût-ce que dans le squelette mécanique – une volonté veillait, la volonté de la grande mère de la vie dont les mères des hommes et des bêtes ne sont que les reflets. Comme tant de fois déjà, je me posai cette question : « Pourquoi ce spectacle s'est-il offert à toi ? »

*

J'ai toujours eu un cœur pour l'infortune, mais, pour mon malheur, surtout pour celles qui n'étaient pas à la mode. Il me semble d'ailleurs qu'un des caractères du vrai malheur c'est de n'être point au goût du jour.

Laon, 15 juin 1940.

Ce matin, à l'arsenal, où j'ai contrôlé les sentinelles et où j'ai tiré à plomb, d'après les conseils de Keunecke, sur des bouteilles lancées en l'air. Il y a là des réserves importantes. Je découvris tout un hangar plein de condiments dont je fis remplir un panier par les soins de M. Albert. Dans un autre hangar je découvris un monceau d'objets hétéroclites qui contenait surtout des couteaux de poche, des lames de rasoirs, des clefs, des portefeuilles et des carnets de notes. J'en conclus qu'un grand nombre de prisonniers était passé par ici et qu'on leur avait fait abandonner ces objets. Je découvris entre autres le journal circonstancié d'un capitaine français que je conservai. Du simple point de vue graphique, il montrait que l'on peut passer d'une parfaite sécurité à des conditions fort précaires. Le commencement du journal était écrit lisiblement à l'encre; il s'achevait par des notes hâtives, tracées au crayon et finalement au pastel rouge.

Essômes-sur-Marne, 16 juin 1940.

A ma surprise, je reçus l'ordre de rejoindre Château-Thierry avec ma compagnie. Nous fîmes le trajet en camion, en passant par Soissons.

Je commençai par faire mettre de l'ordre dans notre cantonnement où nous avions fini par jouir d'une sorte de confort relatif dans les ruines comme Napoléon à Moscou. Je congédiai également Arthur à cause de sa conduite par trop marocaine. Il demanda à me parler et me pria de le garder, parce qu'il aimait mieux, dit-il, me servir que « de faire ce qu'on appelle des travaux de pisse ». Mais comme il était en état d'ivresse dès le petit déjeuner et qu'il avait le soir les poches pleines de choses volées, je le fis ramener auprès des autres prisonniers de la citadelle. En revanche, nous conservâmes M. Albert.

Les routes, les villages et les villes que nous traversâmes étaient dans la zone bouleversée. La route était toute bordée d'une lisière de voitures brûlées, parmi lesquelles des tanks grillés. Chevaux morts, ruines, tombes. Dans les bois touffus, des odeurs de cadavres. En beaucoup d'endroits des monuments de 1870 et de la Grande Guerre, parfois détruit par des projectiles.

Au milieu de ces étendues de ruines, sur les routes et les ponts reconstruits, un sourd roulement de roues et l'avance sans fin de colonnes motorisées qui se dirigent vers l'Ouest. Canons, D.C.A., munitions, infanterie transportée sur des chenilles, chars, ambulances, phares, compagnies de protection contre les gaz et véhicules de forme et de destination inconnues. Une atmosphère de vie nocturne en même temps qu'une impression de supériorité écrasante. Sur les capots de moteurs des voitures lourdes, d'étranges mascottes : grossiers sabots en bois, casques capturés, masques à gaz hilares ou élégantes poupées dont le vent de la course retrousse les jupes de soie rose. La voiture d'une troupe d'assaut porte un crâne emprunté à une collection d'anatomie, comme le trahit le léger claquement du couvercle mobile. A Soissons on a dressé des mannequins tirés de magasins de confection sur les places jonchées de débris et de tuiles. Ils font des gestes de la main et semblent causer entre eux; un policier à casquette rouge trousse les jupes d'une petite paysanne.

Comme la ville a souffert du bombardement, je pars en avant, vers Essômes, qui est à une vingtaine de minutes, au bord de la Marne. Ici encore la confusion est indescriptible : barricades sur les routes, au milieu des jardins déserts. Au château que je choisis pour cantonnement, des chasseurs alpins ont logé avant notre attaque : il y a des meubles dans le parc, un chien crevé devant l'entrée. Dans un coin, une provision de mines françaises, avec un écriteau qui recommande la prudence. Des lapins se sont déjà installés dans les chambres, un chat angora s'échappe de l'étage supérieur.

Après l'arrivée et l'installation des hommes, je m'en vais dans les jardins, où fleurissent les premiers lis et où la récolte mûrit. En haut, sur le versant des coteaux, seul dans un petit pavillon de jardin. Fraises, groseilles, framboises rouges et blanches. Parmi les fraises, une variété à petits fruits, presque noirs, incroyablement sucrés. Des soldats amènent du vin en fûts et des sacs de café qui avaient servi de matériel à barricades. Ainsi s'effondre la valeur des biens à cette terre lorsque la vie est en jeu.

Le soir, et en ce moment encore, un étrange sentiment d'enivrement. Je suis plein d'images comme un vase qui déborde. Elles découlent de moi.

Essômes-sur-Marne, 17 juin 1940.

Ce matin, j'ai fait sacrifier par M. Albert quatre canards qui erraient encore dans le parc et je suis allé à bicyclette à Château-Thierry, pour y prendre les ordres du général Schellbach qui est cantonné au Couvent Bleu. A la recherche de cette maison, je traversai des quartiers désolés où étaient étendus des cadavres de chevaux. Sur les accotements de la grande route un entrelacs de voitures entrées en collision. On regarde cela comme une grande mosaïque et l'on prend à peine garde aux détails qui sont comme cachés dans un trompe-l'œil. Tout en rédigeant un ordre pour un agent de liaison, je posai mon porte-cartes sur une voiture blindée dont il ne restait que le châssis. J'étais déjà reparti lorsque je réalisai que mon œil avait effleuré, cependant que j'ecrivais, cette masse de ferraille qui ressemblait à un gril tout brûlé par la flamme. Il ne manquait pas de viande sur cet effroyable gril. J'enregistre ainsi, presque automatiquement, des images qui, par un processus mystérieux, ne sont en quelque sorte développées qu'après des minutes ou même des heures.

Je pris dans un camp voisin une centaine de prisonniers pour remettre le château et son parc en état. Ils se plaignirent d'avoir faim; je fis alors chercher du vin à la cave, récolter des fruits du jardin et leur promis de leur donner à dîner avant de les renvoyer. Après que chacun d'eux eut bu un gobelet de vin, ils rétablirent l'ordre, pareils aux génies d'Aladin. Cependant M. Albert, de son côté, apprêtait les canards et les garnissait d'olives dont il avait trouvé une boîte à la cuisine.

L'après-midi, le château était complètement déblayé et nous espérions pouvoir nous mettre à table lorsque l'ordre de départ arriva. Nous devions nous rendre à Montmirail pour y assurer une mission analogue à celle que nous avions exécutée à Laon. Cela m'empêcha de tenir ma promesse aux prisonniers, parce que l'on commençait à peine à préparer leur soupe. Je leur fis du moins distribuer les parts de canard, ce qui était à la vérité un geste symbolique plutôt qu'un repas.

Montmirail, 18 juin 1940.

Une fois de plus, l'attitude de mes hommes à

l'heure du départ m'émerveilla. Quoiqu'ils eussent travaillé toute la journée et qu'ils aient eu l'espoir de prendre ensuite du repos, aucun d'entre eux ne sourcilla lorsque l'ordre de départ arriva. Leur vertu, c'est de comprendre parfaitement les nécessités.

Heureusement, je réussis à épargner la marche à la compagnie, en embarquant les hommes par groupes sur des camions de munitions vides qui allaient dans la même direction. Nous nous rassemblâmes à Montmirail. Près de l'entrée de la ville, je fis halte à côté d'un char, d'où surgissait précisément un maigre petit chauffeur en combinaison trempée d'huile. J'engageai la conversation avec lui et j'eus le sentiment que Vulcain et son sens du travail s'incarne déjà en ces figures martiales. Nous nous entretînmes d'un sujet proche de ces pensées : le danger du feu. Mon interlocuteur avait pris part jusqu'alors à huit attaques et avait vu brûler plusieurs chars. Il arrivait, dit-il, que l'on réussît à débarquer, comme avait fait récemment un de ses camarades, en laissant toutefois une bonne partie de sa peau à l'intérieur. Le feu est un sujet qui me préoccupe depuis longtemps; il atteste des changements profonds chez les combattants.

Je m'installai dans l'admirable château de Montmirail, qui a malheureusement souffert lui aussi; j'y logeais seul avec Spinelli et quelques ordonnances. Des bombes étaient tombées dans le parc et avaient brisé un certain nombre de fenêtres; un petit pavillon, à droite du portail, avait été détruit par un incendie. Les habitants, et sans doute aussi des soldats, avaient séjourné ces temps derniers dans les caves creusées à même la craie, ainsi que le trahissait la présence de couchettes rudimentaires. Montmirail est le château de La Rochefoucauld et ce fut pour moi, qui compte depuis longtemps les *Maximes* parmi mes livres de chevet, un acte de gratitude spirituelle que de sauver tout ce qui pouvait être sauvé. Je fis donc mettre le château sous garde et commençai à en faire déblayer l'intérieur. L'essentiel, pour des propriétés de cette valeur, c'est parfois de les préserver pendant les quelques journées les plus critiques.

Dans la matinée, une colonne de plus de dix mille prisonniers français traversa la ville. Elle était à peine surveillée. On ne voyait que quelques sentinelles qui les accompagnaient, baïonnette au canon, pareilles à des chiens de garde. Aussi avait-on l'impression que ces masses recrues et complètement épuisées se pressaient d'elles-mêmes vers un but inconnu. J'étais à l'école, et comme je disposais d'une centaine de Français et de Belges pour l'exécution des travaux de déblayage, je fis chercher dans un magasin des caisses de biscuits et de viande en conserve et ordonnai de les distribuer. Je fis encore verser du vin doux, mais la colonne défilait en rangs si serrés qu'à peine un homme sur vingt en recevait sa part.

Je voyais pour la première fois souffrir dans un espace restreint des masses aussi grandes. En pareille circonstance on ne peut plus distinguer les individus. Je remarquai aussi l'allure mécanique et irrésistible qui est propre aux catastrophes. Nous étions debout derrière la grille de la cour de l'école et nous tendions des boîtes de viande et des biscuits, ou les répandions dans le maquis de mains qui s'allongeaient vers nous, à travers les barreaux. La vue de ces mains surtout était troublante. Les suivants poussaient, cependant que les hommes qui étaient au premier rang se bousculaient chaque fois qu'un biscuit tombait à terre. Afin que les plus éloignés reçussent aussi leur part, je fis jeter des boîtes de bœuf par-dessus la route, mais tout cela n'était qu'une goutte d'eau sur une pierre brûlante. Plus de douze fois je tentai de lancer une boîte à un vieux soldat qui marchait clopin-clopant, mais toutes s'évanouirent dans un fouillis de mains, jusqu'à ce qu'il eût disparu dans le flot. Un peu plus tard, je donnai à la sentinelle l'ordre de faire entrer un très jeune soldat, pour le nourrir, mais elle en ramena un autre, qui d'ailleurs était lui aussi resté sans manger depuis deux jours. Le vacarme de ce défilé était dominé par la voix d'un crieur que Spinelli avait posté sur le mur et qui réclamait un tailleur, car notre linge avait grand besoin d'être reprisé. Ils passèrent ainsi comme une image du flot sombre de la destinée elle-même, et c'était un spectacle étrangement instructif et excitant que nous observions derrière la protection des grilles. La plupart de ces hommes étaient déjà complètement émoussés. Ils ne posaient que deux questions : Leur donnerait-on à manger? La paix était-elle signée? Je fis répondre que Pétain avait proposé un armistice. Ils me lancèrent alors cette question désespérée : L'armistice était-il signé? L'inestimable valeur de la paix paraissait ici à l'évidence.

En queue de la colonne, dont le passage dura près de deux heures, je vis paraître un groupe d'officiers grisonnants, porteurs de décorations de la Grande Guerre. Eux aussi avançaient avec peine, traînant les pieds, la tête basse. Leur vue me saisit. Je fis ouvrir la grille et les fis introduire dans la cour. Je les invitai à dîner et à passer la nuit chez moi. Après les avoir remis au coiffeur, je ne tardai pas à les revoir, la mine reposée, assis autour d'une longue table, dans la cour auprès de la cuisine. Nous eûmes une soupe excellente, de la viande, du vin en abondance, et surtout nos hommes firent preuve d'une politesse si naturelle que notre réception fut des plus réussies. Ces hommes fatigués étaient visiblement dans l'état de dormeurs qui voient un affreux cauchemar prendre tout à coup une tournure favorable. Ils étaient encore comme étourdis par la défaite. En les interrogeant sur les causes de cet effondrement si subit, j'appris qu'ils l'attribuaient aux attaques des bombardiers en piqué. La liaison, l'arrivée des réserves et la transmission des ordres s'en étaient trouvées empêchées dès le commencement, après quoi les armées avaient été coupées en morceaux par les armes rapides, comme à coup de tranchet. A leur tour ils me demandèrent si je pouvais définir les cause de notre succès; je répondis que je le regardais comme une victoire de l'ouvrier, mais il me sembla qu'ils ne comprenaient pas le vrai sens de ma réponse. C'est qu'ils ignoraient les années que nous avons vécues depuis 1918 et les leçons que nous avons façonnées comme en des creusets brûlants.

Après avoir fait ranger la petite cuisine du château, je passai la soirée avec Spinelli dans le salon en rotonde. La vue que l'on a d'ici est extraordinaire. Le paysage ressemble à une scène avancée dont l'orchestre est formé par la pelouse du parc, encadrée de part et d'autre par de hauts rideaux d'arbres. Ces bandes de forêt bornent également le fond comme des coulisses; elles cernent une pente douce plantée de saules verts et de taillis. Entre les deux, s'étend comme une rampe une vallée invisible d'où émerge le clocher d'un village. Une courbe délicate ferme l'horizon. Le parc et son prolongement concourent ainsi à un ensemble architectural en tous points réussi dont la perfection tient à ses limites. J'ai vu dans ma vie des perspectives plus puissantes et plus magnifiques, mais je n'en ai jamais vu d'aussi bien fermées et arrondies.

Tard dans la soirée encore, promenade à travers le parc vers la vallée. Dans une ferme, nous rencontrâmes un prêtre avec sa sœur et un groupe de femmes et d'enfants qui avaient fui à travers le champ de bataille. Ensuite des aviateurs aux sirènes hurlantes avaient foncé sur eux, mais s'étaient de nouveau éloignés sans lancer de bombes parce que, rapporta la sœur, ils ont vu qu'« il y avait un prêtre parmi nous ». Tous deux étaient encore, des jours après, fort agités et parlaient en un flot ininterrompu. C'est un état que j'ai fréquemment observé dans le tumulte de ces semaines et que le langage populaire qualifie exactement par l'expression « perdre la boule ».

Je trace ces lignes, tard dans la soirée, au bureau de la duchesse de La Rochefoucauld, dont les casiers, en partie forcés, contiennent des livres qui portent pour la plupart des dédicaces d'auteurs connus. En feuilletant l'un de ces ouvrages, je fais tomber la lettre d'un jeune garçon de quinze ans environ, du nom de François, lettre datée de 1934 et fort aimable. Elle m'apprend que son auteur voulait devenir aviateur; sans doute a-t-il maintenant l'âge de servir.

Quant au château, je l'ai fait remettre complètement en état avant la tombée de la nuit, hors les vitres cassées.

Montmirail, 19 juin 1940.

Bien dormi dans une chambre de l'aile contiguë à la chapelle. Vu Carl Schmitt en un rêve très vivant. Il tombait et se blessait dans une gare; je le reçus en pleurant dans mes bras. L'accident s'accompagnait d'une circonstance particulière dont j'achevai de prendre conscience en m'éveillant, mais que je cherche vainement à retrouver.

Levé dès la première heure, je regarde de ma place le portail et le pavillon de l'entrée qui fume encore. Des vitres à travers lesquelles je contemple cette image, celle du milieu a éclaté de telle façon que le morceau resté dans le mastic reproduit exactement en silhouette la tête de la reine Victoria. Sa bouche un peu hautaine est figurée par une délicate fêlure du verre.

Après le déjeuner, j'embarquai les officiers prisonniers qui s'étaient bien rétablis, sur un camion de munitions et les fis conduire à Laon. Auparavant je leur avais encore fait servir un verre de vin en guise d'adieu. Avant le départ, leur doyen, un commandant, me remercia en leur nom de l'accueil qu'ils avaient trouvé à Montmirail.

En rentrant chez moi je découvris dans le jardin d'une autre école un admirable cèdre aux aiguilles bleu de cire et au tronc d'un brun cannelle, profondément crevassé. Jamais je n'en avais vu d'aussi beau, ni sur la Mainau, qui en contient des exemplaires géants, ni dans les montagnes des Canaries.

L'après-midi, resté encore au grand salon, avec sa vue si admirable qu'elle me semble agir directement sur la langue et sur l'ordonnance des pensées. Avant le déjeuner le hasard d'une découverte m'émut vivement. J'étais descendu dans le parc et voulant emporter un souvenir de ce séjour, j'explorai les cratères blancs sur la pelouse à la recherche d'éclats de bombes. Dans le premier entonnoir j'eus la surprise d'une trouvaille beaucoup plus rare : l'admirable pétrification d'un coquillage que l'explosion avait arraché aux profondeurs de son lit de craie. Je le soupesai dans ma main comme un cadeau que l'on vient de recevoir. Il était de forme conique, presque de la longueur d'un avant-bras, bombé en spirale et fêlé à l'embouchure. Aussi le fuseau et la circonvolution intérieure, dont l'éclat de nacre était bien conservé, étaient-ils visibles. Moi que la destruction avait accompagné tous ces jours-ci comme une ombre, je compris aussitôt la leçon de cette découverte : le mont Mirail a été jadis un récif dans la mer de craie, et en elle repose, indestructible, l'élément merveilleux dont ce château lui-même, avec ses jardins, n'est qu'une émanation, une parabole éphémère, à l'instar de ce coquillage.

Cette découverte tenait de l'alchimie; elle faisait penser à la pierre philosophale qui métamorphose les choses par un miracle qui s'opère en nous-mêmes. Aussi nul objet ne m'aurait semblé plus désirable, si par hasard on m'avait invité à choisir un souvenir parmi les vieux tableaux, les livres ou les trésors de ce château, que précisément ce coquillage. Il faut que nous parvenions à un état apparié à la richesse de la terre, et dans lequel se change en or tout ce qu'effleure notre main.

Au coucher du soleil, nous refîmes notre excursion dans la vallée, armés de fusils de chasse. Cette fois-ci nous nous perdîmes dans une grande ferme, abondamment peuplée de bétail, mais qui pour le reste semblait désertée. Nous l'explorions, cherchant des œufs dans les étables, lorsque nous entendîmes un chant dans une des pièces et que nous trouvâmes devant un feu qui brûlait dans l'âtre ouvert de la cuisine, une sorte de gnome sombre, complètement ivre. Sur une table étaient alignées des bouteilles à moitié vides, qu'il portait de temps à autre à sa bouche, en titubant. Il nous accueillit par des cris de joie et tira de sa chemise, qui formait un gros bourrelet au-dessus de sa culotte, des billets de banque qu'il laissa s'éparpiller. Si nous interprétions bien ses bégaiements d'ivrogne, sa patronne l'avait laissé seul dans la ferme, pour traire les vaches. Mais lorsque nous lui demandâmes du beurre, il le déclara immangeable, parce que les femmes, disait-il, étaient trop sales. « Moi je suis propre », s'écria-t-il encore, en désignant ses loques tout en se dandinant pesamment. Puis il parut saisi d'un élan de joie. Il palpa la cuisinière, les chaises, les tables, et jusqu'aux murs : « Tout cela est à moi! » Enfin – la progression me parut assez réussie –, il désigna encore sa casquette déchirée : « Cela aussi est à moi, tout est à moi. » Puis, aiguisant un long couteau, tout en se retournant d'un air inquiet : « La patronne n'est pas là. Attendez. Je vais vous saigner une oie. Non, pas la femelle, elle a des oisons, mais le mâle, il est beau. Tout cela est à moi, maintenant! » La rencontre nous paraissait sinistre et nous partîmes. Le gnome nous poursuivit encore quelques instants pour tenter de nous retenir; nous le vîmes empoigner des poules qu'il jetait en l'air et qui s'envolaient avec des caquets d'effroi.

En rentrant, nous passâmes auprès d'un pré bordant la voie ferrée où une colonne de mitrailleurs français avaient abandonné leurs véhicules. Parmi les bagages épars je trouvai des chemises dont j'avais justement un urgent besoin.

Achevé la journée par une bouteille d'Aloxe-Corton, que nous bûmes devant la cheminée du grand salon, où flambait un tronc de bouleau que nous avions trouvé sur les chenets. Le feu éclairait la plaque de fonte, décorée d'une très belle image d'Hercule chez Omphale. Nous songions en même temps que la destinée de ce lieu semblait être de voir défiler des armées, et que, sans doute, il avait abrité plusieurs fois déjà des officiers prussiens : en 1814, en 1870, en 1914; il en accueillait maintenant, une fois de plus.

Spinelli était très gai. Il avait allumé toutes les bougies du grand lustre, d'où la cire tombait en gouttes jaunes sur le tapis. Après que je me fus retiré, il resta encore à boire du champagne. J'observe en lui une sorte d'intelligence neuve, précise et toujours en éveil : il ignore les difficultés techniques, qu'il s'agisse de transports ou de logement. Son plus beau jour fut celui où nous pûmes de nouveau entendre la radio, à Laon. Remarques judicieuses sur tout ce qui est concret. De plus, des traits chevaleresques et agréables, que je m'efforce de cultiver en lui; j'ai pu les observer aujourd'hui encore au cours de l'accueil fait aux officiers prisonniers.

Couché tard et lu encore à la lueur de la bougie, d'abord dans un album sur Goya, puis une étude illustrée sur Marie Laurencin et sa peinture de masques roses. A ce propos, réflexions sur le déclin de la personnalité. Elle se dissout en quelque sorte ici dans le jus de framboises. Je rencontrai enfin, dans *La Revue de l'Art* de septembre 1924, un tableau du peintre suisse Heinrich Füssli : *Le Songe d'une nuit d'été*. Cette peinture trahit non seulement la connaissance des vieux maîtres et la lecture de Cazotte mais elle ouvre une perspective immédiate sur les cavernes de la réalité, tout en transportant dans le goût de l'époque. Aussi me sembla-t-il étrange que le nom de ce peintre m'eût jusqu'alors échappé.

Ensuite rêves. La journée était belle et pareille à un tapis riche en images petites et grandes. Tout cela sans peine; je ressentais l'action de ce *perpetuum mobile* de l'esprit auquel seul le temps assigne des limites. J'étais surtout content de mon coquillage.

Romilly-sur-Seine, 20 juin 1940.

A midi, départ du *Mons mirabilis*. Nous allons par Sézanne et Saint-Just-Sauvage à Romilly. Sur la route, des monceaux de chevaux morts, encore attelés à des chariots de munitions et à des cuisines roulantes. Les cadavres affreusement gonflés, avec des sexes pareils à des trompettes. Les lèvres troussées avec une expression de souffrance découvrant les grandes dents blanches. Il se forme ainsi des masques étranges, pareils à des visages de démons qui se sont emparés des vestiges d'une vie passée.

Ensuite des morts. D'abord un cadavre isolé à gauche de la route, caché par une toile de tente qui ne laissait que l'avant-bras à découvert. Il dressait une main à demi ouverte ainsi qu'on tient un manche de violon. Ensuite, à droite, en avant d'un bois, tout un champ de cadavres. Sans doute des hommes qui étaient en position au bord de la route avaient-ils essayé de s'abriter dans le bois; le feu avait dû les faucher durant leur bref bond à découvert. Les visages et les mains de ces morts étaient déjà gonflés et noircis, puis comme poudrés d'une farine blanche qui était la poussière de la route. Image très sombre, comme issue des pensées nocturnes d'un esprit extraordinairement puissant.

Encore des tanks enchevêtrés en certains endroits, surtout à l'intérieur des villages. Auprès d'eux, des tombes : croix surmontées de serre-tête à lunettes. Ensuite, pour la première fois depuis que nous avançons, des groupes de réfugiés qui rebroussaient chemin. On voyait des charrettes à deux roues, haut chargées de lits, où étaient assis des enfants et où se balançaient des cages à poules. Un autobus nous croisa, et plus loin, un tracteur qui traînait toute une file de chars à bancs. Entre-temps passaient des groupes de cyclistes, des piétons dont certains poussaient des brouettes. On voyait parmi eux des couples de septuagénaires traînant la semelle, des mères qui portaient des poupons dans leurs bras, donnant la main à des enfants de trois ans qui tenaient de petits paniers.

Après un bref voyage, arrivée à Romilly, où les routes sont déjà peuplées de civils et où règne une grande animation. J'y retrouvai le bataillon et ma troisième section.

Romilly-sur-Seine, 21 juin 1940.

Logement dans une petite maison voisine de l'école et des grands moulins. Le matin j'appris par des agents de liaison que nous allions enfin retrouver notre unité et que nous serions transportés en camion dans le courant de la journée. Personne ne pouvait se réjouir plus que moi que prît fin notre odyssée dans le sillage mouvementé de cette avance. Voici quinze jours que nous sommes détachés, et parfois l'on eût dit que nous serions tout simplement disloqués par la puissante succion qui se formait à la suite de l'attaque des éléments blindés. Il semble peu probable maintenant que nous soyons engagés dans des combats violents au cours de cette campagne, et si je le regrette en tant que soldat, j'en suis heureux pour ceux qui souffrent.

Afin d'obtenir des renseignements, j'allai à la Kommandantur, où régnait une confusion effroyable. Le maire d'une petite commune âgé de soixante-dix ans au moins, me prit à part avec une expression d'austérité raisonneuse. Sa physionomie me fit sentir qu'en France la Révolution a continué et rattrapé certains effets de la Réforme. Il me demanda comment enlever les cadavres de plus de cinquante chevaux qui empestaient le territoire de la commune. Comme je haussais les épaules en guise de réponse, il ajouta que c'était un danger « pour la santé publique ». Je l'écoutais encore, lorsqu'une femme me demanda ce qu'elle devait entreprendre contre un troupeau de chiens à moitié sauvages, qui s'étaient assemblés autour de sa maison. J'en entendis bien d'autres, et de pires. Je m'en fus, car je sais depuis longtemps qu'on ne peut parer à tout. Il faut savoir borner son regard au ressort dont on est responsable. En ce qui concerne l'aide pratique, l'individu est soumis à des limites, de même qu'une barque de sauvetage ne contient qu'un certain nombre de places. Néanmoins, il est des situations où la simple présence d'une force autoritaire est déjà un remède. Grâce à sa seule existence, des blessures se referment, par où s'échappait l'aveugle substance élémentaire. Ce sont des instants où le mystère propre à toute fonction se révèle.

Bourges, 22 juin 1940.

Comme nous tardions à repartir, je m'installai dans une autre maison où le lit était meilleur. D'ailleurs je me sentais las de ces habitations abandonnées et bouleversées. Lorsque, ce même soir, je pus faire l'emplette d'une paire de chaussettes dans un magasin qui venait de rouvrir, le simple fait de pouvoir acheter n'importe quoi me fut agréable. Le vendeur, lui aussi, semblait éprouver un sentiment analogue. Nous redécouvrîmes en quelque sorte l'un et l'autre l'acte qui consiste à échanger une marchandise contre de l'argent.

A midi, nous regagnâmes nos voitures, sur la place du marché. Le chef de la colonne qui nous transportait était un certain lieutenant Backhaus, un garçon plein d'entrain et fort agréable à qui un accident avait fait une profonde cicatrice à la nuque et à l'oreille, ne laissant de cette dernière qu'un moignon en forme de croissant. Il me parla de ses chauffeurs qui avaient passé deux jours et davantage au volant, sans jamais céder leur siège, par souci de leur moteur. Lorsque je lui demandai s'il cantonnait chaque nuit dans un autre château, il frappa de la main sur sa voiture : « Ceci est mon château. » Je le voyais gagné par une sorte de griserie à mesure que la cohue augmentait sur la route et aux abords des ponts; il était d'autant plus joyeux que sa tâche devenait plus difficile. Ces hommes sont d'une intrépidité imperturbable, d'étranges centaures, esprits non historiques, mais doués d'une grande force pour le siècle dans lequel ils sont nés.

Traversons Sens, avec sa belle cathédrale, puis Allant, ravagé par les bombes, et poursuivons notre route par Toucy jusqu'à Châtillon, où le pont de la Marne avait été détruit. Nous y stationnâmes donc un certain temps avant de pouvoir franchir le fleuve sur des pontons. Je causai là avec des réfugiés d'origine parisienne qui avaient été surpris par les opérations dans des stations balnéaires ou des maisons de campagne, et qui tentaient à présent de regagner la capitale à pied. Comme ils s'amassaient devant le pont, j'en embarquai quelques-uns dans notre colonne. Certains étaient vêtus très légèrement, parfois à la dernière mode. Mêlés à nos uniformes gris, ont eût dit quelque « retour de bal masqué ». Je marchais entre deux jeunes filles, l'une jolie, l'autre laide, et, en bavardant, je leur désignai M. Albert, notre brave cuisinier qui nous accompagnait depuis Laon. La fille laide dit : « Voilà qui serait un emploi pour moi. » Sur quoi, la jolie fille : « Pour toi peut-être, mais pas pour moi. »

Parvenus sur l'autre rive, nous dûmes attendre nos voitures et nous profitâmes de cette pause pour boire du vin devant une auberge à moitié démolie, à côté du pont. Il y avait là un rentier parisien, propriétaire à Châtillon d'une maison de campagne que l'infanterie coloniale française avait pillée de fond en comble avant de partir, ainsi qu'il nous le raconta avec le plus grand calme.

Ensuite, direction de Gien. Je vis là, comme sur une image à moitié effacée, au fond, des tours médiévales et au premier plan, un décor complètement brûlé, qui fumait encore, avec des cadavres d'hommes, de chevaux, de toutes sortes d'animaux domestiques. A l'entrée s'étalait le cadavre d'un porc, allongé, blanchâtre, gonflé comme une larve gigantesque. Le long des routes et des haies, les champs étaient jonchés de chars d'assaut hors d'usage. Deux fortes unités de chars ont dû se rencontrer ici, et c'est un simple accessoire d'un tel choc qu'une ville d'importance moyenne soit réduite en cendres. Un tel spectacle donne l'impression d'une catastrophe technique de proportions inouïes.

Au contraire, le pays à l'entour était intact, – forêts et champs bornant une magnifique avenue de marronniers d'Inde entre les fûts puissants de laquelle nous roulions en ligne droite. Prisonniers, presque sans escorte, et encore des colonnes de réfugiés venant à notre rencontre, avec beaucoup de petits enfants fatigués que l'on conduisait à la main.

Nous arrivâmes ainsi jusqu'à Bourges, où nous débarquâmes et passâmes la nuit dans la première ferme venue. Dans la cuisine de la maison de maître abandonnée où nous étions descendus, nous bavardâmes si bien, Keunecke, Spinelli et moi, qu'en un clin d'œil nous eûmes vidé une bouteille de champagne et trois bouteilles de bourgogne, ce dont nous fûmes ensuite les premiers surpris.

Bourges, 23 juin 1940.

Ce matin, pour prendre les ordres de la Kommandantur, où je rencontrai une jeune fille qu'un ivrogne avait tenté de violer, la veille, sous la menace du couteau. C'était une Alsacienne, petite personne alerte et décidée. Elle était citée comme témoin, car on avait aussitôt arrêté le gaillard. Lorsque je lui demandai en manière de plaisanterie si l'agresseur avait réussi à perpétrer son dessein, elle se redressa : « Vous pensez bien que non. Il aurait fallu qu'il commençât par me poignarder! »

Ici encore nous revîmes le colonel et nous apprimes que ces jours derniers quelques unités de notre régiment avaient quand même été engagées dans le combat. Ainsi notre cinquième, dont le chef, le lieutenant Schrapel, déjà blessé au bras, eut néanmoins à cœur de conduire personnellement ses hommes au feu, et qui reçut une gerbe de balles en pleine poitrine. Cependant, les opérations venaient d'être arrêtées. Seules nos avant-gardes touchaient donc au feu et nous devions nous contenter de corvées de l'arrière. J'appris que ç'avait été le sort général des unités d'infanterie qui n'avaient pas été engagées dans les combats pour les têtes de ponts. Les expériences de cette campagne se traduiront sans doute par d'importantes transformations dans la structure des armées du monde.

En ville, c'est la cohue. Il y séjourne, outre les habitants, non seulement nos troupes et nombre de prisonniers de guerre, mais encore quarante mille réfugiés. A midi, je passai par hasard à la gare où j'avais posté des sentinelles et je vis une grande foule qui se pressait aux portes. C'étaient des réfugiés qui voulaient profiter du premier départ pour Orléans et Paris. Quoique le train fût déjà en gare et qu'il contînt un nombre suffisant de places, la cohue menaçait de devenir dangereuse. On entendait des enfants pleurer, tandis que d'autres se balançaient dans des poussettes bloquées au milieu de la foule et chargées de bagages, de masques à gaz... Il y avait encore dans cette cohue de vieilles femmes et des mères portant leurs nouveau-nés. Quelques femmes avaient réussi à pénétrer dans le hall et appelaient leurs enfants qu'elles avaient perdus dans la foule.

Pour mettre de l'ordre, je fis tout d'abord déblayer par la garde un certain espace; je montai ensuite sur une charrette retournée et j'annonçai que tous ceux qui pousseraient seraient exclus du voyage. Je désignai enfin les familles nombreuses qui devaient passer les premières. Cela n'alla pas sans difficulté parce que des grappes humaines s'accrochaient chaque fois à ceux qui avançaient, cependant que des douzaines d'autres m'interpellaient. Ayant remarqué que ce geste calmait la foule, je soulevais de temps à autre un des enfants et au bout de deux heures nous les eûmes tous installés dans les voitures. Je longeai encore le train à l'intérieur duquel les Parisiennes se remettaient déjà du rouge, et j'entendis l'une d'entre elles, qui me prenait apparemment pour une sorte de portier de gare, me désigner : « C'est celui qui a dit : doucement. »

En partant, je rencontrai l'officier d'état-major qui avait mis ce train en route et qui prévoyait déjà, avec une divination de petit dieu, que tous ces gens passeraient une mauvaise nuit, car le pont d'Orléans n'était pas encore franchissable. Il se présenta à moi comme un lecteur de mes livres et me dit qu'il avait été condamné à occuper un poste d'où l'on ne voyait la guerre que du côté de l'ombre. Il m'invita à venir dîner le lendemain à la Boule-d'Or.

Après-midi, conférence des officiers, à l'issue de laquelle le colonel me pria de rester. Tout en me remettant le petit ruban noir et blanc à barrette d'argent, il m'annonça que la croix de fer m'avait été décernée pour avoir sauvé l'artilleur blessé sur le front du Haut-Rhin.

Cela me rappela l'épisode d'Iffezheim que j'avais presque oublié dans le tourbillon de ces dernières semaines. Je pensai aussitôt à Spinelli et me rappelai le souci qu'il avait eu de mon genou. Comme nous avions tenté la course ensemble, il me paraissait juste que nous eussions tous deux part à la récompense. Je le dis au colonel, et le soir même j'eus la satisfaction de voir mon camarade décoré de la croix.

Cet événement me fit mesurer combien cette guerre était pour moi différente de la précédente. Jadis, les plus hautes décorations pour avoir abattu des adversaires; aujourd'hui un petit ruban pour un acte de sauvetage. Etrange aussi que je sois resté si loin du feu. Héraclite a raison : nul ne traverse deux fois le même fleuve. Le mystère dans ces changements, c'est qu'ils répondent à nos propres transformations intérieures : c'est nous qui formons le monde; les événements de notre vie ne sont pas soumis au hasard. Les choses sont attirées et élues par notre être : le monde est ce que *nous* sommes. Chacun de nous est donc capable de le transformer : c'est l'immense pouvoir qui est accordé à l'homme. Et c'est pourquoi il importe tant que nous travaillions à notre propre formation.

La récompense la plus haute, ce n'est pas le roi qui la confère, mais le poète. C'est pourquoi celle que j'ai reçue dans la première guerre mondiale n'est pas, à mon sentiment, le « Pour le mérite », la décoration créée par Frédéric le Grand; mais bien le poème de Friedrich-Georg, « A mon frère Ernst ».

Le soir dans un petit bar, où j'achetai deux bouteilles de Veuve Clicquot. Je m'amusai à raconter aux clients de l'établissement que c'était ma ration ordinaire pour dîner, ce qui me fit regarder comme un phénomène. M. Albert m'apprit à ce propos, tout en mettant la table, que l'on appelle « flûte à champagne » les verres pointus, expression que je ne connaissais pas et que je trouvai drôle. D'ailleurs, dans les cercles de joyeux lurons on trouve aussi des coupes « à pompette » qui portent, au lieu de pied, un anneau, en sorte qu'on ne peut les poser sur la table que retournés, c'est-à-dire qu'il faut immédiatement les vider lorsqu'elles sont pleines.

Bourges, 24 juin 1940.

Ce matin, j'ai encore éclusé femmes et enfants. Je m'étais enquis de l'heure de départ du train, car cet événement nécessite l'intervention d'une autorité. Les choses allèrent mieux cette fois-ci, d'autant que j'avais apporté pour les enfants une énorme boîte de biscuits. Fait ensuite le tour des sentinelles; je remarquai le caractère méridional très prononcé de la foule, surtout dans les faubourgs.

Le soir, chez Steinitz, à la Boule d'Or. Intelligence précise et de qualité. Dans tous les domaines de la vie pratique, il y a un certain nombre d'hommes qui façonnent les petits rouages indispensables à la marche et au travail de l'entreprise. Je trouvai d'ailleurs chez lui une des marques distinctives de cet esprit, à savoir une façon légèrement ironique de donner des ordres.

Réflexions sur le commandement : il n'y a pas de

génies méconnus. Chacun trouve dans la vie la place qui lui revient. Nous sommes nés avec l'exact potentiel social que nous réaliserons. On peut s'en rendre compte à bord des bateaux où la société se recrée en quelque sorte au moment de faire admettre ou de réaliser des prétentions supérieures à celles qu'ils manifestent d'habitude. L'espace social est ainsi mesuré à nouveau, mais après trois jours l'ancien ordre se rétablit. Ce spectacle à lui seul vaut un voyage en mer.

Vers dix heures, nous apprîmes la signature de l'armistice. La nouvelle fit disparaître des tables le bourgogne, et le champagne coula à pleins bords.

Bourges, 25 juin 1940.

La maison où je loge est surtout agréable en ceci qu'elle n'a de façade que du côté du jardin et qu'elle est difficile à trouver. Elle est au bord de l'Yèvre, rivière tranquille aux ramifications nombreuses au fond de laquelle luisent les plantes aquatiques et que surplombent les cimes débordantes des arbres. Devant la véranda verdoie une petite pelouse, entourée de bosquets touffus et défendue contre l'eau par une rampe d'iris. En son milieu se dressent une colonne ancienne dont une rose grimpante rouge clair entoure la pierre grise, et plus loin un grand cerisier qui porte de magnifiques bigarreaux. Comme personne ne les a cueillis, l'excès de maturité les a fait éclater. De même, les fraises des quatre saisons noircissent sur les plates-bandes et tombent de leur tige; la foliole blanche reste comme un petit plat à tartelette. Dans ce jardin tranquille, comme entouré par la brousse, je prends l'après-midi un bain de soleil tout en lisant, et le soir, après le dîner, je parcours en canoë la rivière où jouent les truites. C'est là aussi que M. Albert jette sa ligne.

Cette solitude ombragée, où la nature et l'art de vivre se balancent heureusement, s'étend le long de l'avenue Jaurès, rue fort animée que je parcours souvent pour me rendre à mon service, et jamais sans me réjouir à la vue de deux platanes exceptionnellement forts, tels par l'ampleur que je n'en avais vu jusqu'à présent que sur les îles de Cos, de Rhodes et à Smyrne. Un arbre pareil est le plus beau symbole de tenue; il réalise à nos yeux la puissance et la dignité par sa simple présence et il mérite donc bien qu'on le pare de chaînes en or et qu'on le confie à un gardien comme faisaient les anciens, selon Hérodote.

Etrange est aussi la façon dont nous voyons dans l'espace les plantes et les arbres *connus.* Il est des changements de poids dans les atomes, qui échappent à toute description. L'air, l'eau, la terre interviennent dans la vie et le mouvement des sèves. Nous sentons leur caractère inaliénable, le goût des éléments du sol natal. Tel que seuls des poèmes peuvent le conserver pour le souvenir.

En ce qui me concerne, je déchiffre nombre de ces choses dans les insectes, dans leurs formes nouvelles et dans la façon dont se modifient les rapports entre les espèces. Précisément, j'ai rangé aujourd'hui quelques-unes des trouvailles que j'avais faites au cours de notre avance, par exemple la *leptinotarsa* qui rongeait avec ses larves d'un rouge vif, pareille à une éruption, les fanes de pommes de terre dans les jardins sauvages d'Essômes. Le caractère paradoxal de telles occupations au milieu des catastrophes ne m'a pas échappé, mais je les ai trouvées en quelque sorte rassurantes : elles trahissent une réserve de stabilité même dans la condition de civilisé. De plus, j'ai appris dès 1914 à travailler dans le voisinage du danger. A notre époque il faut jouir d'un calme de salamandre si l'on veut parvenir à ses fins.

Cela vaut particulièrement de la lecture que l'on poursuit à travers des phases heureuses et funestes de la vie : si l'on y ajoute chaque jour quelques briques, on peut, après soixante ou quatre-vingts ans, habiter un palais.

J'ai toujours trouvé plein de sens mon goût pour ces chasses subtiles, tandis que même les plus intelligents d'entre mes amis, à l'exception de Friedich-Georg, les considéraient comme un aspect singulier et hoffmannesque de mon univers. Il est vrai que l'individu ignore le plus souvent pourquoi il se livre à de tels travaux. Il me semble en ce qui me concerne que l'alphabet ne me suffit plus. J'ai besoin d'une écriture comparable à l'écriture égyptienne, ou à l'écriture chinoise avec ses cent mille idéogrammes. Aussi ai-je adopté celle-ci qui me permet de butiner dans toutes les ruches de la science de deux siècles, lesquelles ont été remplies pour ma jouissance. D'une façon générale, c'est là ma position à l'égard des sciences du XIXe siècle : ce sont des échafaudages sur lesquels je fais ce qui me plaît. Je m'approprie de cette façon une série de points, de types, d'incrustations bariolées dont le monde est recouvert comme des nœuds d'un filet. On entame ainsi les choses plus finement qu'avec des mots, mais le luxe de cette façon de procéder, c'est que tout cela n'est destiné qu'à ma propre jouissance et demeure incommunicable. Néanmoins, je ne puis regarder ce goût comme une singularité. Il en va de lui comme de mes rêves : je ne m'écarte pas de ma sphère; j'y pénètre plus profondément et je l'élargis.

Nous portons les siècles devant nos yeux comme des filtres qui s'interposent entre nous et les choses auxquelles ils communiquent leur couleur. Je puis bien dire que le XXe siècle me prête son éclairage particulier, jusque dans mes rêves. En second lieu, le XIXe siècle, et ensuite le XVIIIe.

A la vue des morts de Montmirail, j'eus le sentiment que ces filtres manquaient, c'est-à-dire que l'image sortit du cadre de l'histoire. Je vis ici l'absolu, la structure essentielle et je sentis la présence de puissances dont nous ne connaissons plus depuis longtemps que les noms abstraits : elles ne sont pas éternelles, mais leur règne durera aussi longtemps que le temps. Je ressentis l'horreur de leur triomphe.

L'absolu se manifestait encore en ceci que, pour la première fois de ma vie, je sentais ma soif d'images apaisée. Bien mieux, j'en avais vu plus que je n'eusse voulu. Je ressemblais au spectateur d'une comédie qui prend soudain une tournure imprévue, au voyageur traversant un paysage opulent qui, derrière un défilé, devient soudain simple et effrayant. Un sentiment d'impuissance nous saisit alors : nous reconnaissons que nos ressources historiques, philosophiques, morales, dont nous étions si fiers, sont défaillantes et que nous avons besoin d'autres armes.

*

Une pensée qui nous échappe ressemble au poisson qui se détache de l'hameçon. Nous ne devrions pas le pourchasser; il continue à se nourrir dans les profondeurs pour nous revenir ensuite, plus lourd.

Bourges, 26 juin 1940.

Ce soir, un visiteur qui se fit prudemment annoncer par M. Albert : un jeune homme qui m'examina d'un regard interrogateur. C'était le frère de la maîtresse de maison et il ne me parut pas impossible que voici quelques jours à peine il eût encore porté l'uniforme. Il m'expliqua qu'en sa qualité d'ingénieur, il se rendait à Sens pour y remettre en marche des usines détruites et qu'il profitait de son passage pour solliciter la permission de prendre dans la chambre à coucher un portrait de sa sœur. Quoi qu'il eût de la tenue, je lisais la souffrance dans ses yeux.

Je le menai aussitôt à l'étage supérieur et comme je le voyais regarder les couloirs d'un air triste et scrutateur, je feignis d'avoir mal compris et, quoiqu'il m'eût désigné la chambre de l'aile gauche, je le conduisis à l'aile droite en lui faisant traverser toute l'enfilade des pièces. Il put ainsi voir la maison sans être gêné. Il décrocha ensuite le portrait et je lui remis encore une petite chevalière en or que je me souvenais d'avoir vue et dont il portait le pendant à son doigt. Je l'encourageai à faire revenir sa sœur qui était, me dit-il, à Limoges, afin qu'elle pût veiller sur une aussi belle propriété, après quoi il me demanda, avec le même regard sondeur que tout à l'heure, si cela était possible. Comme la langue française dispose pour de telles réponses de locutions fort belles et fermes, je pus me borner à répondre : « Je n'y vois aucun inconvénient. »

Il repartit aussitôt en hâte et, me sembla-t-il, un peu plus rasséréné que lorsqu'il était arrivé. Cette visite me semblait importante. Elle agitait en moi des questions touchant la propriété, mais surtout le bonheur et le malheur. Que sont les biens qui nous entourent? A l'instant où tout s'écroule, nous nous précipitons encore dans notre riche maison et nous n'emportons rien d'autre qu'une petite image. J'avais aussi le sentiment d'avoir plongé au fond de son âme et d'y avoir lu des choses dont ma propre expérience m'avait donné l'intelligence. En ces moments critiques où la patrie est à terre, nous découvrons la source la plus profonde de la souffrance, auprès de laquelle tous les maux individuels qui nous affligent ne sont que de minuscules points d'eau.

*

Le soir il y eut devant la cathédrale une grande retraite aux flambeaux de l'armée à laquelle nous appartenions depuis l'avance. J'y pris part au milieu du groupe des nouveaux décorés de la croix de fer. Les vieux piliers et les ogives s'illuminèrent de la rouge lueur des flambeaux et du rayonnement des phares; malheureusement le grand porche, avec la fameuse scène du Jugement dernier, que j'aurais aimé voir, était encore masqué par un large capitonnage de sacs de terre.

Dans la vie il m'arrive toujours de rencontrer des instants où le théâtre et la réalité du monde se confondent dans ma conscience, des instants qui sont pour moi une nourriture historique et qui m'empêchent de glisser complètement vers la contemplation. Les hommes semblent alors tout chargés de magnétisme – j'eus ainsi l'impression que la clique du régiment ne jouait pas, mais était jouée. Les baguettes des tambours, et même celle du chef de la fanfare, se soulevaient bien par un effort humain, mais en un sens tout secondaire; je sentais les fils de ce jeu de marionnettes. C'est ainsi que nous autres hommes nous rassemblons parfois en de telles constellations, pour ensuite nous disperser de nouveau, comme des cartes que l'on serre, le jeu fini.

Bourges, 27 juin 1940.

Je reçois à déjeuner Mme Cécile dont j'ai fait la connaissance au train de Paris, où je lui donnai un renseignement. M. Albert avait acheté en ville toutes sortes de bonnes choses, que nous arrosâmes d'un dé d'Hospices de Beaune. Nous jouâmes également plusieurs fois de la flûte à champagne. Beaucoup de charme, mais presque sans personnalité; j'avoue honnêtement préférer cela au contraire. Divorcée, deux petits enfants qui sont chez la grand-mère, et dont elle parle agréablement, un peu à la façon d'une jardinière.

« Pour les journées chaudes je les mets en costume de bain, je les laisse jouer et le soir je leur donne une douche d'eau chauffée au soleil. Ils ont de très beaux corps. »

Ensuite au jardin où je m'instruisis sur les noms de fleurs tels que l'œillet de poète, l'amour en cage, et le pissenlit au nom un peu rustique. Après quoi j'allai encore à la cuisine, chez M. Albert, qui me semblait avoir servi avec moins d'entrain que d'habitude. Mais lorsque je le questionnai à ce sujet, il me regarda bien en face :

« En ce qui vous concerne, mon capitaine, de ma vie je ne vous oublierai. Et si jamais vous deviez venir dans mon pays vous y trouverez le meilleur dîner que j'aie jamais préparé. »

Rehm arriva tard, avec deux lettres de Perpétua.

Bourges, 28 juin 1940.

Nous déjeunons au Palais Bourbon. La salle à manger un peu vide est ornée d'un Gobelin fané par les siècles mais encore admirable, qui représente Niobé avec ses enfants. Je crois avoir distingué le luxe singulier de cette sorte de métier d'art. Il réside dans les tissus qui sont à la fois matière première de l'image et exécution d'un travail. C'est-à-dire : tandis que la substance de l'image ne soutient d'ordinaire que dans une faible mesure l'impression produite, ce fond devient au contraire ici l'image elle-même, parce que le tissu de la tapisserie se confond avec le tissu des robes représentées. Aussi les personnes émergent-elles des profondeurs du corps et bondissent-elles hors du cadre avec une vitalité à laquelle on ne saurait atteindre par d'autres moyens. Elles ressemblent à des papillons peints que l'on aurait pourvus d'ailes véritables. Aussi cet art doit-il traiter de préférence des sujets qui permettent d'évoquer le plus grand nombre possible de figures richement vêtues.

L'après-midi, visite de Mme Cécile. Elle me donna une leçon de français. Distinction : d'abord au jardin, *le châtaignier* et *le marronnier.* Ensuite à table : *goûter* et *déguster.* Enfin au bord de la rivière, près de la petite île, où sont les lignes à truites : *pêcher* et *pécher.* Leçon fort expressive.

Bourges, 29 juin 1940.

Courses à cheval derrière l'arsenal et sur le champ de manœuvres. Ensuite au château, déjeuner préparé par M. Cambut, de l'Escargot-d'Or. Il commença par un échantillon de son enseigne, l'escargot de Bourgogne, admirablement préparé avec des herbes savoureuses, et s'acheva par une salade de fruits aromatisée par des liqueurs fines. Le tout accompagné d'un feu de peloton de Veuve Clicquot.

Après les fatigues des étapes, nous sommes ici comme plongés dans un bain tiède et nous vivons à la façon de Normands ayant envahi un pays de vin.

Je suis heureux, ne serait-ce que pour que mon expérience soit complète, d'avoir également pu prendre une certaine vue de cet aspect de la guerre, le mouvement dans l'espace ouvert, que nous avons raté en 1918.

Bourges, 30 juin 1940.

Dimanche. Promenade au cimetière Saint-Lazare. Même ici, le goût moins vif du Latin pour la nature, et la prédilection pour la société apparaissent. Cette visite me rappelle une promenade au cimetière Montparnasse, que je traversai comme une nécropole, et le cimetière de Palerme avec le faste de ses marbres.

Je consacrai la matinée à la rédaction d'un exposé des faits, en guise de « plainte contre inconnu »; encore un travail *pour le roi de Prusse.* Des abus se produisent sans doute dans toutes les armées; cela importe peu, à condition que le sens de l'honneur ne se perde pas. Cela est vrai aussi pour l'individu, pour nous tous : l'homme peut faillir pourvu que le germe, la cellule de la justice soit préservée en lui. Pourvu qu'il en soit ainsi il guérira par elle. Le châtiment doit aider ce processus; il doit y contribuer par la douleur, considérée non pas tant comme un facteur éducateur que dans son sens transcendant. Dans les cas graves la mort est le dernier moyen de guérison.

Bourges, 1er juillet 1940.

Mme Cécile. Au jardin. Conversation sur la bonne cuisine; sur la soupe à l'oignon, telle qu'on la mange tous les jours et telle qu'on la mange le dimanche. Ensuite sur le pâté de garenne : avant de l'enfermer dans la pâte et de le mettre au four, on y pose l'empreinte des pouces et l'on remplit ces trous de cognac vieux. Enfin, à propos d'alouettes sur canapé. Où nous disons « brunir », les Français emploient le mot plus élégant de *dorer*. D'une manière générale, les façons différentes de saisir les sens des mots, comme avec des pincettes de formes différentes qui touchent les mêmes objets. Souvent, à propos d'expressions plus rares, on finit par trouver les mêmes solutions, comme je le remarquai aujourd'hui par l'exemple de *la culbute : « der Purzelbaum »*.

Ensuite conversation sur son mari divorcé. Lorsqu'on les considère selon l'optique féminine, les hommes apparaissent sous un jour particulier – sous un jour qui n'a pas le rayonnement direct des idées, mais qui, en revanche, fait apparaître le revers de la médaille. En somme, nous ne nous voyons l'un l'autre que de face. Confortablement assis dans le jardin ensoleillé, je jouissais un peu du secret et félin sentiment de supériorité avec lequel une petite personne de ce genre considère les hommes dans le champ de son regard. Dans de tels cabinets d'illusions nous ne sommes souvent, alors même que nous nous sentons les plus forts, qu'une source de divertissement.

Bourges, 2 juillet 1940.

Le dernier jour à Bourges. Le matin avec Spinelli chez des antiquaires pour acheter des gravures et des images en couleurs, mais nous ne trouvâmes rien de particulier. L'après-midi, Mme Cécile qui resta encore pour dîner et me remit en guise d'adieu une lettre que je ne dois ouvrir que demain.

J'apprends que nous devons regagner Zweibrücken à pied, y prendre, le 25 juillet, le train en direction de Bergen et être ensuite envoyés en permission pour une durée indéterminée. Cette campagne aura pris fin plus vite que nous ne l'aurions jamais soupçonné.

Les Tallans, 3 juillet 1940.

Marche jusque dans la région de Henrichemont, où nous avons passé la nuit dans la ferme écartée Les Tallans. En cours de route je tins compagnie à Hilbrecht que j'aime à entendre raconter et en qui j'ai découvert un type de soldat très particulier.

« Lorsque j'entendis pour la première fois : « Charger à balles et garde à vous ! » j'éprouvai les mêmes sentiments qu'un communiant devant l'autel. »

Arrivé à Les Tallans, je bus une demi-bouteille de vin et dormis pendant deux heures dans ma chambre, une pièce dallée qui, malgré la chaleur dégagée par les champs, était fraîche et obscure. Dans cette vieille ferme, dont certaines parties datent du

XIVe siècle et n'ont subi aucune transformation, le temps me semble s'écouler plus paisiblement : on n'y fait de feu que dans les cheminées et l'on n'y connaît que la lumière des bougies. Le tiroir de ma table de nuit était doublé d'un journal de 1875.

Sous un soleil déclinant je fis une promenade à travers champs. Nous sommes dans le vieux duché du Berry, qui me plaît beaucoup. La culture de la terre est assez particulière : de vastes pâturages, peu de champs, tous encadrés de hautes haies d'où s'élèvent des chênes puissants, des pommiers, des peupliers et des marronniers avec leurs thyrses blancs. Les sentiers sont des chemins creux ombragés, mais des collines on domine le pays qui offre ainsi un aspect à la fois ouvert et labyrinthique.

Parassy, 4 juillet 1940.

Peu après minuit nous nous réunîmes dans la cuisine des Tallans pour prendre le café, en compagnie de la fermière, d'une institutrice et de la cuisinière. Elles étaient assises sur la plaque surélevée de la cheminée, où le bois carbonisé lançait parfois subitement un jet de flamme, ce qui donnait lieu à toutes sortes de plaisanteries. Nous éprouvions des sentiments appariés à cette heure : il y a une sorte de griserie du matin.

Dans cet état d'esprit nous causâmes de bassinoires, sortes de larges poêles en cuivre rouge, destinées à recevoir de la braise. Elles sont munies de couvercles perforés qui sont découpés d'après des modèles riches et variés. On s'en sert pour chauffer les lits avant d'aller se coucher et on les tient par de longs manches de bois, mais l'usage s'en perd parce qu'il suppose des domestiques. Notre hôtesse vanta ces bassines et nous engageâmes une discussion quelque peu rabelaisienne sur les avantages des différentes sortes de chauffe-lits. Finalement la palme revint à « l'esclave tcherkeşse de seize ans ».

Marche jusqu'à Parassy, où je passai la nuit dans la maisonnette d'un ouvrier. C'est ici que le lieutenant-colonel Vogler prit congé de nous. Le commandant Otto lui succéda à la tête du bataillon.

Ferme les Cadoux, 5 juillet 1940.

Dès une heure du matin mon logeur vint m'appeler : « Le réveil sonnait. » Marche de nuit, puis de jour. Lorsque nous abordâmes vers midi, près de Bonny, le grand pont de bateaux sur la Loire, il faisait très lourd.

Logement dans la petite ferme Les Cadoux. Les habitants sont rentrés depuis peu, et fort heureux de se retrouver chez eux. Quoiqu'ils eussent perdu durant leur absence beaucoup de bétail et d'ustensiles de ménage, je les trouvai très gais, d'une sérénité intérieure qui m'émut vivement. On voyait le contact se rétablir avec le sol hérité, rappel de l'acte sacré de la première mainmise sur la terre. Dans cet état, tout travail, tout geste devient une source de joie, on en découvre l'unicité, la signification durable qui transparaît sous la besogne quotidienne; et par-delà les souffrances la vie s'illumine d'une profondeur nouvelle et bienheureuse.

Maison la Fumée, 6 juillet 1940.

Réveillé à quatre heures. Par une chaleur croissante nous marchâmes jusqu'à Mézilles et y fîmes la pause de midi sur une colline sans ombrage. Le puits de la petite ferme auprès duquel je fis rincer les marmites avait été foré à travers une épaisseur de marne de plus de cinquante mètres. Par une température de plus en plus accablante nous atteignîmes à la nuit la région de Toucy et restâmes dans la ferme désignée plus haut. Les hommes se comportèrent en vrais fantassins, c'est-à-dire qu'ils marchèrent jusqu'à tomber d'épuisement. Çà et là un homme sortait des rangs sans que la cadence de la marche s'en trouvât ralentie. Moi aussi j'étais très fatigué.

Nous arrivâmes sous une pluie d'orage. La vue d'un lis blanc me fut, comme toujours, un sujet de joie; il en fleurissait une belle touffe dans le jardinet de la ferme. J'en parlai à la fermière et elle me raconta qu'en faisant infuser dans l'alcool fleurs et feuilles de cette plante on pouvait préparer un merveilleux remède pour arrêter les hémorragies.

Cette femme, vue dans son caractère : petite, maigre, très énergique, avec des yeux d'oiseau de proie et le menton étroit. Elle se montra nettement supérieure à son mari qui perdit aussitôt la tête en voyant un tel flot d'hommes se déverser dans sa maison. Ainsi, lorsqu'elle vit que les chevaux commençaient à brouter les feuilles de choux et les arbustes de son jardin, elle obtint aussitôt qu'on les éloignât, en me faisant remarquer que l'humidité leur était nuisible. Elle-même accompagna ensuite les soldats pour leur montrer les écuries et le foin, non sans m'avoir servi auparavant des œufs et du vin, dans le juste sentiment que je faisais ici la pluie et le beau temps. Je méditai sur ce type et sur le fait qu'une aussi grande dépense de volonté ne procure malgré tout qu'une place modeste dans la vie.

La Tuilerie, 7 juillet 1940.

Une fois de plus, réveil dès deux heures du matin. Ayant été désigné comme chef du détachement de tête chargé de préparer les logements, je partis en voiture et, passant par Aillant, Senan, Joigny, Bussy, je poussai jusque dans la région de Dixmont où je fis le cantonnement du bataillon à La Tuilerie.

Je suis installé ici dans une confortable petite maison *Clos des Roses*, dont le propriétaire est mi-retraité de la police, mi-paysan. Rehm et moi, nous jouissons chez lui de ce que les soldats nomment, depuis qu'il y a des guerres et des marches, un « bon cantonnement ». Il est vrai qu'il faut s'entendre à faire jaillir les sources de l'abondance : aussi, dès son arrivée, fis-je appeler les enfants et donnai-je à chacun d'eux quelques pièces de monnaie pour leur tirelire. Cela nous valut des œufs sur le plat, du lapin, des haricots verts, des pommes de terre en salade et du fromage. De plus, les enfants vinrent, l'un après l'autre, apportant, pareils à des fourmis, de petits suppléments, ainsi, la fillette Léone, avec du rhum pour accompagner le café, que son petit frère venait de servir. On rencontre ainsi parfois des maisons que l'arrivée des soldats saisit d'une sorte d'animation généreuse, comme si l'insatiable Hercule lui-même venait d'arriver.

Dans ma chambre je retrouve le sol dallé qui m'avait déjà frappé à Montmirail : dalles rouges, taillées en forme de cellules d'abeilles et recouvertes d'un vernis brillant. Ces pavages sont frais, simples, discrètement adaptés aux besoins.

L'après-midi, promenade à travers champs et le long des collines, sur les chauds versants desquelles de grandes étendues de scabieuses mauves formaient de très beaux dessins, avec des touffes isolées de caille-lait jaunes. Là-dessus, le bruissement crêpu des bourdons et des hannetons dorés. La vue des scabieuses a toujours exercé sur moi un effet en quelque sorte électrisant : enfant, je croyais qu'en les cueillant on attirait l'orage.

Le long des chemins et dans les villages, des morceaux de silex qui semblent se dégager peu à peu de la marne et que l'on emploie ici pour construire les maisons. Ils brillent au soleil, avec des tons roses, brun brouillé, ou de cornaline, comme des montagnes de pierres précieuses au pays des trésors.

La Tuilerie, 8 juillet 1940.

Bien dormi. En rêve j'avais une discussion avec le colonel von Taysen. Il était assis à son bureau, et lorsque notre discussion eut pris fin, il me tendit un dossier volumineux. Je l'emportai pour l'étudier chez moi et le trouvai rempli de procès-verbaux de débats, d'interrogatoires, d'expertises. Il s'agissait d'une affaire d'honneur dont l'origine était un *kriegsspiel* sur la bataille de Salamine, au cours duquel la majorité des officiers avait pris le parti des Perses, tandis que le nouveau commandant était avec les Grecs. Dans ces divers documents je fus surpris de découvrir des exposés significatifs, où les Grecs étaient désignés comme les représentants de principes inférieurs et comme des destructeurs d'antiques règles et dynasties, ainsi que de belles descriptions de la vie dans les garnisons de Babylone, de Sardes et d'Ecbatane.

Néanmoins l'ensemble n'était qu'un aperçu, en quelque sorte une arabesque, de mes rapports d'esprit avec Taysen. D'une façon générale, c'est une chose étrange que ces apparitions de familiers dans mes rêves – parfois même de ceux envers lesquels j'ai eu des torts et auxquels je repense toujours avec une certaine confusion. Après que j'ai rêvé d'eux, ce sentiment se dissipe comme s'ils m'avaient pardonné.

Paisy – Cosdon, 9 juillet 1940.

De nouveau en fourrier, par Dixmont et Villeneuve jusqu'à Paisy-Cosdon. En voiture je remarquai la façon dont les phares reflètent la route. Dans leur forme métallique, taillée en parabole, les objets tels qu'arbres et maisons se reproduisent avec une grande netteté, pour ensuite se rapetisser en gravitant le long d'une courbe. Ils se rapprochent ainsi continuellement d'un point où ils s'évanouissent. Le tout ressemble à une petite machine destinée à expliquer des philosophèmes hindous sur la théorie de laquelle il faudra que je consulte mon frère le physicien.

L'après-midi, bain dans un ruisseau étroit, bordé de hautes touffes de roseaux, où coulait une eau rapide, glacée d'un gris-vert laiteux. Sous un soleil brûlant je réfléchis à la succession dans l'œuvre d'un écrivain. L'œuvre est comparable à une maison où l'on accède par la route de tout le monde. Les premiers ouvrages d'un auteur s'inspirent des modèles généralement reconnus et ce n'est qu'au cours des années que se forme le style personnel. L'auteur mène le lecteur jusqu'à son propre univers en traversant des enfilades qui se transforment peu à peu.

Le soir, conversation avec mon logeur, un vieil ouvrier qui s'est trouvé en face de moi, à Regniéville, pendant l'autre guerre, lorsque nous attaquâmes. « Nous avons dû y laisser des plumes. » Durant cette conversation, je remarquai de nouveau la grande différence entre le mot français « Hommes » et le « *Menschen* » allemand. Etrange, le sentiment de communauté, de camaraderie que cette grande guerre a laissé chez tous ses combattants, quelque langue qu'ils parlent. C'est la marque d'un événement formidable.

Villechétif, 10 juillet 1940.

Par Troyes à Villechétif. A Troyes, importantes destructions. Les banlieues de l'Ouest avaient été la proie de l'incendie et les murs n'étaient restés que pareils aux mailles d'un filet découpant le terrain.

L'après-midi, promenade à Belley. En pleine forêt je rencontrai une modeste tombe dont la croix portait une boîte de conserve. Il semble qu'un instinct commande à l'homme de couronner les tombeaux; cette pensée me vint pour la première fois à la vue des turbans de pierre dans les cimetières mahométans.

Dans un char détruit je trouvai des lettres : lettres d'amour adressées à des soldats et documents secrets qui relataient la pose de mines.

Dienville, 11 juillet 1940.

Etape par Piney et Brevonnes jusqu'à Dienville, déjà fort encombré. Je réussis le miracle d'y loger encore un bataillon et une compagnie sanitaire en rendant visite aux commandants et en les priant de resserrer un peu leurs hommes.

L'honnête homme pense en dernier lieu à lui-même, de sorte que, l'après-midi j'étais seul à n'avoir point de logement et je fus très heureux de découvrir dans une ruelle une petite chambre qui semblait n'avoir pas encore trouvé d'amateur. L'opulente propriétaire me la montra d'un air fort engageant mais me dit finalement que pour la bonne règle elle tenait à me signaler un fait assez anodin, savoir que dans cette pièce son mari était mort voici quelques semaines d'une maladie contagieuse. J'en restai là, et préférai, comme sans doute plus d'un autre avant moi, poursuivre mes recherches; car en de telles chambres on loge non seulement son corps mais encore son imagination.

Enfin je découvris une maisonnette abandonnée par ses habitants et qui avait l'aspect d'une caverne de brigands. Aidé de deux alertes dames du voisinage, mère et fille, ainsi que de deux ordonnances, je remis ce fouillis en état et empruntai un peu de literie. J'avais échoué, semblait-il, dans un quartier peu sévère, car une troisième voisine vint à la rescousse. Robuste et élastique comme les belles femmes de Villon, elle émit toutes sortes de craintes, soulignées par des gestes de coquetterie, du genre de ceux par lesquels on provoque les hommes. Avant de monter au grenier avec les deux ordonnances, elle me demanda par exemple si elle ne risquait pas d'être mangée, et en prenant congé elle me déclara que le ménage était maintenant au complet, sauf la femme. Un instant plus tard, elle accourut encore, l'air un peu excité, et s'écria :

« Capitaine, est-ce permis chez vous de soulever les jupes des femmes?

– Certainement, si elles sont consentantes.

– Ah! bien, merci... »

Et elle s'en fut précipitamment. Il arrive que l'on rencontre ainsi des êtres qui ont le goût du désordre.

L'après-midi, à l'église, où était célébré un enterrement. Le prêtre était un homme d'un grand âge, l'air digne, le visage de bonne coupe : figure à la fois paysanne, aristocratique et spiritualisée. Vêtement : chape noire, brodée de chardons d'argent, toque noire à houppe rouge. Il fit le tour du cercueil, tantôt l'enveloppant d'encens, tantôt l'aspergeant d'eau bénite. Des enfants de chœur en surplis blancs, avec des écharpes noires, entre deux chants ils s'envoyaient des sourires malicieux. Fidèle à mon habitude d'escorter dans tous les pays du monde des morts inconnus, j'emboîtai le pas au cortège.

Ensuite promenade sur les bords de l'Aube, dans le jardin du château. L'eau, rapide, froide, d'un beau vert, presque semblable au cours supérieur de l'Inn. L'impression produite par cette eau colorée touchait à la magie lorsqu'elle contournait un lit éblouissant de gravier blanc. Pensé ici à ma tâche, à des voyages, mais surtout aux effets que je dois obtenir par la parole. Voici un an, l'alchimie me semblait encore l'art suprême : l'action invisible sur les forces et les choses, par des formules magiques, par l'effet d'un charme. Mais il me paraît que mieux vaut encore se faire transporter par les mots, pareils à des ailes, jusque dans la zone d'un éther sans pesanteur où l'on n'a plus besoin d'ailes. Ces voiles multicolores, nous finissons par les rejeter, eux aussi.

Vaux-sur-Blaise, 12 juillet 1940.

Après avoir déjeuné dans ma caverne de brigands, je partis pour Vaux-sur-Blaise, en passant par Chaumesnil, Soulaines, Doulevant, Dommartin. A la mairie, je trouvai de bons fonctionnaires, précis, empressés à faciliter la réparation du cantonnement et d'une façon générale la tâche du détachement précurseur. Le maire lui aussi qui m'avait accompagné la veille, à Dienville, dans mes courses, était, quoique âgé de soixante-douze ans et malade, un homme très vif. Je rencontrai ici un type de magistrat qui me plaît, capable de faire face même à des situations incertaines, et doué en quelque sorte d'un sens abstrait du bien public.

Après la distribution des cantonnements, j'allai chez le curé qui me retint à dîner et me servit un bon vin d'Anjou – jaune brun, couleur d'ambre foncé et d'une saveur agréable. Ensuite conversation sur son collègue de Dienville, qu'il connaissait et dont il fit l'éloge en confirmant mon jugement fondé sur la physionomie. Nous parlâmes encore du symbolisme des cérémonies funéraires. Ce sujet dégela mon hôte, qui hochait de temps à autre la tête avec un paisible : « Tiens, tiens, tiens! » Il m'affirma que le chardon brodé sur la chape était un ornement individuel; néanmoins cette plante a son rang particulier dans la hiérarchie du symbolisme chrétien.

Comme tous les habitants du bourg, ce curé et sa gouvernante avaient participé à l'exode; on avait prétendu que les ecclésiastiques seraient fusillés. Son récit de cette fuite m'expliqua la présence des nombreuses autos brûlées qui jalonnaient la route. Ils étaient partis, le matin tôt, le curé sur son grand char à bancs, la gouvernante dans une automobile déjà détériorée et prise en remorque par le chariot. Les routes étaient encombrées de troupes en marche et d'habitants en fuite. Avant qu'ils eussent atteint Dommartin, des cris d'effroi retentirent :

« Les voilà! »

Neuf stukas apparurent à une grande hauteur, qui plongèrent au hurlement de leurs sirènes, tirant à la mitrailleuse et lançant des bombes. Tout le monde saute hors des voitures, s'abrite au bord de la route, que des explosions déchirent. Le curé se relève et entend crier :

« Couchez-vous! Les voilà qui reviennent. »

« Mais cela m'était impossible, car j'entendais les cris des blessés et de mourants auxquels il me fallait donner l'absolution. Comme ils étaient trop, je leur accordai l'absolution générale. »

A cet instant, la seconde attaque se produisit et le curé fut projeté à terre par un éclat qui lui transperça le haut de la cuisse. En même temps l'auto prit feu et la gouvernante était blessée par déflagration. On emporta sur une civière le prêtre qui serrait dans ses bras le sac contenant le trésor de l'église. La gouvernante perdit sa trace, continua de marcher jusque dans la Côte-d'Or et fut finalement recueillie dans un lazaret allemand où on lui donna des soins, car la peau de ses pieds s'en allait en lambeaux. Elle retourna ensuite à Vaux où Toto – le chien qui avait disparu après l'explosion et qui avait été retrouvé en forêt – était déjà de retour. Le curé n'était sorti d'hôpital que depuis quelques jours; en considérant son aventure récente, sa bonne humeur me surprit. Il débordait de plaisanteries, d'anecdotes dont il savait entremêler la conversation. Par exemple, lorsque je refusai la cigarette qu'il m'offrit :

« Le pape offre une prise à un cardinal.

– Je remercie Votre Sainteté, mais je n'ai pas ce défaut.

– Si c'était un défaut, vous l'auriez. »

Ou bien pour illustrer le nombre croissant des adultères à la campagne :

« Un sourd voit le garde champêtre faire une annonce et demande à son voisin ce qui se passe. Celui-ci, un farceur, répond :

– Tous les cocus sont convoqués cet après-midi à la mairie. »

Là-dessus, notre sourd :

« Tu me prendras en passant. »

Sur la différence entre la cuisine française et la cuisine suisse – à la table d'un hôtel genevois. Le Suisse :

« Vous mangez beaucoup de pain. »

Le Français :

« Et vous mangez beaucoup de tout. »

La gouvernante, Mme Louise, avait subi un choc nerveux des plus violents : elle parlait beaucoup, ne supportait ni de voir des fusils ni d'entendre des avions; la sonnette même la faisait sursauter. Je la taquinai en lui disant que puisqu'elle appartenait en quelque sorte au clergé, elle n'avait pas de raison d'être aussi craintive.

« Oui, mais comme je me rends utile ici, le bon Dieu n'a pas encore d'autre emploi pour moi. »

Nous passâme ainsi la soirée à plaisanter fort agréablement.

Claire-Fontaine, 13 juillet 1940.

Ce matin, promenade, d'abord jusqu'à une fonderie voisine, où je regardai tourner une énorme roue hydraulique en fer. Ensuite à Domblain, où je me reposai dans une petite église dont les murs rongés par le temps laissaient transparaître des fresques anciennes sous le crépi qui s'écaillait. Le toit était délabré, des pigeons et des moineaux voltigeaient déjà dans le chœur. Ma route me conduisit à travers des champs dévastés par le doryphore. Je vis des quantités formidables de larves, mais peu d'insectes éclos. Lorsqu'on les touche, une sève jaune jaillit des jointures : il semble que les oiseaux dédaignent cet animal comme beaucoup de chrysomélides. D'ailleurs, cette sève est la couleur fondamentale de l'insecte qui va du jaune clair jusqu'à un brun presque noir, comme si la nature appliquait cette couleur tantôt en couches épaisses, tantôt plus légèrement.

Déjeuné, chez le curé, d'une jardinière préparée par Mme Louise : petits pois, pommes de terre, haricots, mouton. Ensuite adieux, à propos desquels le curé dit que nous étions obligés de nous séparer, à peine nous étions-nous connus et appréciés. Cela me fit plaisir : les cantonnements sont un peu pour moi une quête d'hommes.

Par Morancourt et Joinville, à Pancey, un des plus misérables petits trous que j'aie rencontrés, avec des traces de destruction remontant à l'autre guerre et des maisons qui tombent en ruines parce que leurs habitants les ont tout simplement désertées, ce dont on ne peut leur en vouloir. Quoique j'eusse étendu notre cantonnement jusqu'à Effincourt, ce fut tout au plus une sorte de bivouac amélioré. Je retournai ensuite à Thonnant et cantonnai dans une maison qu'une brave femme m'offrit avec empressement. Fatigue d'estomac. On me fit du thé et, comme je demandais une bouillotte, on m'apporta un fer à repasser enroulé dans une flanelle.

Quoique je loge sur la route, je restai fidèle à ma vieille habitude de ne pas fermer la porte à clef. C'est un appel à l'aventure. Il ne faut jamais interdire la porte au hasard. Il est vrai que la réalité ne vous apporte guère que des ivrognes et des cambrioleurs.

Claire-Fontaine, 14 juillet 1940.

Ce matin j'essayai encore d'améliorer quelque peu les cantonnements, puis je fis une promenade à travers les terres infécondes de la Haute-Marne. Pauvreté, fermes abandonnées, saleté.

L'hôtesse chez laquelle je demeure est sans nouvelles de son mari. Elle est restée au village jusqu'à ce que des bombes tombassent aux alentours de la maison, puis elle s'abrita avec les deux enfants de sa femme de ménage dans un tuyau d'égout qui passe sous la route et que je me fis montrer. Ensuite, comme tous les autres habitants de la région, elle s'était enfuie, poussée par une panique folle, et n'était rentrée qu'après une longue odyssée. Dans sa conversation des réflexions mélancoliques. Par exemple cette réponse, lorsque je lui demandai si elle avait des enfants :

« Non. Et pourquoi? Pour les voir arriver à des résultats pareils? »

Comme je déplorais que notre présence dans la maison lui causât du travail :

« Le travail est la seule chose qui nous empêche de penser. »

Comme tous les Français auxquels j'ai parlé jusqu'à présent, je la trouvai fort mécontente du gouvernement et de sa politique. En effet, le degré d'aveuglement, qui s'est manifesté par exemple dans la réduction de la semaine de travail peu avant le grand affrontement, est un fait assez surprenant. Lorsqu'on veut mener si bonne vie, il faut renoncer aux armes. J'ai toujours trouvé étrange que l'on parût nous craindre, même avant nos nouveaux armements, peu après la Grande Guerre, malgré une évidente supériorité matérielle. C'est l'indice que des décisions se préparent avant même que l'heure en soit venue. Cette crainte est comparable à la baisse du baromètre : elle attire les orages.

Neuville-les-Vaucouleurs, 15 juillet 1940.

Cet après-midi, par Houdelaincourt, Montigny, Vaucouleurs, à Neuville-les-Vaucouleurs où je trouvai de meilleurs cantonnements. Je fus logé ici chez un employé retraité des chemins de fer du Nord qui s'était, comme tant d'autres, retiré dans son pays natal à la fin de son temps de service. Malheureusement les mouches de toutes les étables environnantes se donnaient rendez-vous dans ma chambre.

Dans mon lit, que je trouvai comme toujours agréable, je lus dans une traduction française *L'Escarboucle bleue* de Conan Doyle. L'intérêt que l'on peut prendre à de tels récits dépend du goût que l'on peut avoir pour les détails de la chasse à l'homme et les finesses de la poursuite.

Neuville-les-Vaucouleurs, 16 juillet 1940.

La marche de la division est retardée d'un jour par un embouteillage de routes près de Nancy. Après être retourné à Pancey, je fus à Neuville pour le déjeuner.

L'après-midi, je profitai de la proximité de Domrémy pour m'y rendre. Le village est entouré de tombes fraîches, parmi lesquelles se trouve celle d'un sous-lieutenant Jacob Reimers, qui est tombé là le 26 juin, sur la route de Greux, âgé de vingt-trois ans.

Je vis la maison, avec la chambre très simple, et la pièce où est née la Pucelle. Tout me sembla fort bien et simplement conservé sans aucun de ces ornements inutiles que je trouvai ensuite dans la petite église. Je lus ici sur un tableau cette belle formule : *Vitam pro fide dedit.* Il me semble que l'on ne peut vraiment s'exprimer qu'en latin avec cette brièveté expressive.

J'entrai dans une petite auberge pour boire un café, mais l'hôtelière me reçut aussitôt par l'habituel :

« Ah! mon pauvre monsieur, tout est pillé! »

Nous poursuivîmes ensuite notre route jusqu'à Neufchâteau. La vieille ville aux rues étroites avait reçu des bombes. On voyait aussi sur les maisons ces lignes tracées par des balles qui marquent le passage des chars. La vie dans les rues semblait paralysée, comme si des nerfs avaient été coupés, elle ne s'était pas encore rétablie. Après de telles catastrophes, on voit d'abord reprendre le travail dans les champs, ensuite c'est le tour des activités secondaires : le commerce, les métiers. Mais avant tout l'homme se remet à jouer; j'ai observé cela chez les enfants. Un officier qui a pris part à l'entrée à Paris, m'a raconté que le premier homme qu'il aperçut dans les rues mortes était un vieux pêcheur assis paisiblement au bord de la Seine.

Nous visitâmes encore le château féodal de Bourlemont au milieu de son admirable parc, des étendues duquel s'élevaient des groupes d'arbres branchus jusqu'à la base, pareils à des récifs ou à des îles dans une mer verte. De la terrasse je vis le pays, avec ses collines et ses forêts sombres; il me parut fermé sur lui-même et d'une mystérieuse fraîcheur, comme une suprême réserve de virginité imprenable.

A mon retour, je causai encore avec les aubergistes. La femme surprend par le mélange d'apparences empressées et joviales, dans le cercle de sa vie, avec sa dureté et son ignorance de tout ce qui est étranger, ainsi que le trahissaient des paroles très naïves. Elle me raconta par exemple qu'avant notre arrivée des troupes noires avaient campé dans la contrée et avaient bivouaqué dans les bois humides. Comme je demandais : « Sans doute logeaient-ils sous la tente? », elle fit une dénégation :

« C'est des sauvages. Ils vivent comme ça. »

A propos de la préparation du malheureux lapin qui devait me servir de déjeuner :

« Je leur arrache les yeux pour mieux les faire saigner. »

Tout cela dit sur un ton poli, voire aimable.

Avant de m'endormir je lus encore une deuxième nouvelle de Doyle : *Le Pouce de l'ingénieur.* L'histoire de cet homme qui est précipité dans la chambre d'une presse hydraulique s'inspire d'un conte, « Le Puits et le Pendule, » d'E.A. Poe, dont l'œuvre est la grande source du genre fantastique et dangereux. D'ailleurs son image du pendule recèle un mystère que l'on ne peut saisir dans son sens qu'à condition d'avoir des expériences précises et réelles dans ce domaine.

Gondreville, 17 juillet 1940.

L'après-midi, à Gondreville, en fourrier. En cours de route, absorbé par des pensées ou plutôt par des ébauches de pensées dont l'esprit ne peut se rendre compte. Il semble que la substance des pensées soit précédée d'une autre substance, plus subtile, qui attaque en quelque sorte la matière par érosion et la rend divisible d'une façon particulière. L'esprit, rêvant à moitié, joue ainsi avec les choses en les touchant, sans les distinguer encore, comme avec des antennes. L'obscurité précède la lumière.

Toul, que nous avons traversé rapidement, a subi de graves destructions. Une tour de la cathédrale semblait avoir reçu un coup de plein fouet; elle était à moitié écroulée. Le grand toit de l'église, lui aussi, avait brûlé.

A Gondreville, je logeai chez le maire, ou plus

exactement chez son adjoint. C'est ici un de ces petits villages lorrains que j'avais déjà remarqués pendant l'autre guerre. Venant de l'Est, on y rencontre pour la première fois une architecture adaptée au soleil et l'on a ainsi une impression analogue à celle que donne le voyage du Nord vers le Tyrol du Sud. Les façades non crépies, sans fenêtres, sont éteintes, les tuiles des toits plats sont grises, roses, ou d'un rouge pâle, tachetées de mousses fauves, qui sont souvent encore fraîches et dorées sur les pignons. L'ensemble est dans une gamme de couleurs qui ne se sature qu'en plein soleil de lumière multicolore et ressemble à des métaux dont le pouvoir lumineux ne se manifeste qu'avec l'échauffement.

Le soir, en traversant les jardins, je vis passer au crépuscule sur mon chemin une ombre noire et rapide dont la tête avait un battement d'ailes blanches. Cette ombre avait déjà disparu dans la grange lorsque je compris que c'était un chat noir qui tenait entre ses dents un pigeon noir aux ailes blanches. Je venais de surprendre une de ces images énigmatiques, si fréquentes dans la vie, où le plaisir et la douleur s'inscrivent ensemble de façon presque inextricable. Plus notre point de vue est élevé, plus nettement et plus équitablement nous dissocions leurs lignes.

Salonnes, 18 juillet 1940.

Le matin, promenade dans les pâturages de la Moselle dont les bras d'eaux dormantes recèlent une flore marécageuse et aquatique particulièrement abondante. Mon chemin passait devant un lavoir de forme allongée, où des femmes travaillaient en riant et en bavardant. Elles étaient accroupies dans des caisses ouvertes par derrière, elles agitaient le linge dans l'eau courante, le savonnaient sur le rebord de pierre blanche et le battaient longuement à l'aide d'un battoir plat, avant de le rincer. Le linge, qui se lave chez nous à l'intérieur de la famille, est ici occasion de vie en société; les lavoirs sont des institutions publiques.

A midi la mairesse me servit un poulet, puis je partis par Nancy pour le petit village de Salonnes, où je logeai chez un cheminot. Nous trouvâmes ici les premières infiltrations de langue allemande; le village était allemand avant l'autre guerre. Dans l'étroit cimetière qui entoure l'église, nous vîmes une rangée de tombes fraîches de soldats tombés. Parmi les casques qui les surmontaient, l'un portait sur le haut la trace de cinq petits projectiles et au sommet une longue et large fente.

Adelange, 19 juillet 1940.

Par Château-Salins, Morhange, Baronville, à Adelange dont les écriteaux de rues tout neufs portent déjà le nom allemand : Edelingen. Ici la langue allemande est non seulement prédominante; c'est la seule que l'on parle. Cantonné chez le maire.

Le soir je fis encore une promenade dans les champs dont la terre lourde, d'un brun rougeâtre, contient parfois des coquillages en forme de corne d'abondance, ou plus exactement en forme de lampe de crypte romaine. J'en trouvai un qui était encore fermé. Le côté droit de cette pétrification est mieux formé; mais cette asymétrie est compensée et devient un ornement de plus par le fait que la partie large est agréablement plissée. C'est ainsi que dans la nature, la croissance préfigure déjà toutes les mesures que l'art de l'homme est capable d'inventer. Nous ne sommes libres que de découvrir les formes préexistantes, nous poussons par le travail jusqu'à la création. Ce que nous pouvons atteindre de plus sublime n'est qu'un pressentiment de la mesure immuable du beau, de même que le regard découvre au fond de la mer Egée, sous le jeu des vagues, les urnes et les statues anciennes. Cela est vrai aussi de notre vie : elle est réussie, même si nous ne faisons ou ne laissons que pressentir la part d'éternité qui repose en elle.

*

Le soir, songé encore à l'importance des coquillages et des escargots dans les architectures baroques. La tendance de ces animaux à la torsion et à l'asymétrie manifeste dans la nature une poussée vers de nouvelles formes. De même, dans l'architecture, la rocaille représente des germes de métamorphose, d'individualisme, d'imagination. Il faudrait suivre le développement de ces rejets.

D'ailleurs tout ce tissu de coquillages, comme tout ce que nous considérons sous l'angle symbolique, implique également le contraire : une tendance à la durée, au durcissement mathématique, à la pétrification. Particulièrement dans le développement des jardins, on voit les deux influences se combiner. Mais surtout, le goût des glaces est une contrepartie directe : il part du sentiment que la symétrie est menacée et qu'il faut la rétablir par le recours artificiel au mirage.

Le langage secret des modèles d'après lesquels nous commençons aujourd'hui à construire annonce des époques longues et égales, qui suivront les périodes de désordre. On peut également le présager du fait qu'une quantité de travail de plus en plus importante s'incorpore aux projets; le futur s'y intègre ainsi, lui aussi.

Adelange, 20 juillet 1940.

Nous passerons encore une série de jours dans ce petit trou. Dans les maisons, on a le sentiment que des vers à bois et des mouches réduisent le mobilier en vermoulure et au-dehors que tout est noyé sous le fumier. Des ruisseaux bruns, qui forment çà et là des miroirs chatoyants, s'écoulent lentement par la rue du village. De nombreuses maisons sont détruites ou incendiées, et le long du chemin s'amasse le matériel de guerre abandonné. Au milieu de tout cela les hommes tissent leur vie dans une atmosphère sourde et, me semble-t-il, presque hors du temps. Ce pourrait être aussi bien une image de la guerre de Trente Ans.

Mon logeur, qui est maigre et âgé de soixante ans, a un long nez pointu, légèrement oblique, un regard presque toujours mélancoliquement absent quoique malicieux. Sa physionomie me fait penser à un oiseau, mais non à un oiseau vivant. Il y a de ces visages qui relèvent d'un type dont on a le pressentiment mais non la connaissance. Il faut étudier les faunes sous les faîtes des grandes cathédrales si l'on veut se faire une idée de caractères semblables.

Le matin, une femme d'une trentaine d'années est venue demander de l'aide pour déterrer son mari, qui est tombé dans le voisinage, cinq minutes avant l'arrêt des combats. Elle s'abandonna à l'excès de sa douleur, le visage tordu par une grimace, d'une façon que mon hôte jugea inconvenante. Elle déclara par exemple qu'elle déterrerait le mort de ses propres mains pour le revoir. De telles coïncidences ne sont pas rares ici, parce que les fortifications, dans ces régions, étaient, pour la plupart occupées par des indigènes. On apprend ainsi à connaître les effets indirects des projectiles qui échappent d'ordinaire à l'œil du tireur. Une seule balle fait beaucoup de victimes. Nous voyons tomber l'oiseau et nous nous rejouissons à la vue des plumes qui volent, mais nous ne voyons ni les œufs, ni les jeunes, ni la femelle, dans le nid où l'oiseau ne retournera pas.

Le soir, je fis une course rapide jusqu'à Buschdorf, pour rendre visite à Spinelli... Suivant mon habitude, j'entrai également au cimetière qui, selon un usage que l'on rencontre fréquemment dans les villages lorrains, entoure l'église en forme de fer à cheval. J'y découvris une grande rareté : un ossuaire qui était emboîté, pareil à une grotte, dans le mur du cimetière. Il contenait bien douze cents crânes, que couronnait une frise d'ossements; il y avait encore là, au premier plan, de longs fémurs et des os iliaques. L'impression générale était celle d'un banc d'os blafard, un peu verdissant, où l'on avait serti des orbites sombres. Le dessin en était troublant; j'avais l'impression qu'un fin ressac se brisait sur ce récif de mort. « Nous tous avons vécu », disait-il. Il est regrettable que l'on évite aujourd'hui des peintures aussi pleines d'enseignement et craigne la haute pompe de la mort dont l'art baroque possédait le sens. La grotte était fermée par un grillage en bois et par un mur bas qui présentait un renfoncement en forme de cuvette, destiné sans doute à recevoir de l'eau bénite.

A Adelange, je parlai de ma découverte à mon hôte et, comme je m'y attendais, il montra une grande animation dans notre entretien. Il m'apprit que l'on enterrait autrefois à Buschdorf tous les morts des environs; c'est pourquoi la route d'Adelange à Buschdorf se nomme encore aujourd'hui le chemin des morts. Le fossoyeur qui remit les lieux en état porta les vieux ossements à l'ossuaire et les mit en tas. Le monceau de crânes s'élevait autrefois jusqu'au plafond de la grotte; enfant, mon logeur l'a vu ainsi. Mais comme les couches inférieures se décomposent, le tas s'affaisse peu à peu. Les gens connaissaient les crânes; ils pouvaient désigner leurs grands-parents, parce qu'on savait qui reposait dans les tombes.

Adelange, 21 juillet 1940.

Pluie d'orage, mais comme je m'ennuie dans ma chambre envahie par les mouches je m'adonne à ma chasse subtile. Dans un champ de pommes de terre piétiné, j'étudiai une fois de plus le doryphore : lorsque le soleil est près du zénith il s'anime, grimpe jusqu'au faîte des fanes et prend son vol avec adresse. Je le vis essaimer comme l'abeille et me demandai à cette vue s'il est en Europe un pays qui pourra échapper à la longue à cette invasion. Je cherchai aussi des coquillages, mais parmi les milliers de pièces que je trouvai, je n'en vis point d'aussi parfaite que celui que j'avais découvert du premier coup d'œil.

Le soir, courrier, contenant une confession significative. Même si l'on ne répond pas à de telles lettres, on s'acquitte d'une mission importante par le simple fait de les lire.

*

Lorsque je rencontre mes hommes dans la rue du village, nous causons parfois de ces dernières semaines et de ces derniers mois. Cela me donne souvent l'occasion de m'étonner des différences de perception. Ainsi l'un prétend avoir vu des morts où il n'y en avait pas, et ainsi de suite. Souvent de telles imaginations proviennent de ce que des choses entendues sont répétées sous forme d'affirmation directe. Au lieu de : « Un artilleur m'a raconté qu'un dépôt de munitions a sauté », on dit : « Un dépôt de munitions a sauté. » Il se fait ainsi un échange de souvenirs qui composent une version; en certains endroits les faits sont retracés, ailleurs ils sont reconstruits.

Cet acte est important, car les faits viennent à nous à l'état brut et par fragments, souvent comme la lave entraîne de la terre et des pierres. L'esprit, en réfléchissant, essaie de saisir l'ensemble qui est enfermé dans les détails, de voir la figure pleine de sens. C'est possible par abréviation; le hasard est retiré du creuset comme une écume. Mais il arrive aussi que des additions précisent l'image, de même que des anecdotes d'une invention heureuse sont des ébauches de récits.

Adelange, 22 juillet 1940.

Sur les images votives on rencontre souvent dans cette région la représentation du martyre de saint Erasme, allongé sur le sol, avec une petite incision sous le sternum, tandis qu'une longue bande de son intestin, peint en rouge vif, est déjà enroulée sur un treuil. Les deux valets qui desservent la machine se tiennent à droite et à gauche du cric, dans une attitude gaillarde, ayant fait leur besogne de leur mieux. L'ensemble a un air de parade. Mon logeur me raconte que ces images ont été dressées jadis, à l'occasion d'une épidémie de choléra qui dévastait le pays.

*

Rehm, qui m'accompagne depuis près de dix mois, souffre d'un tic qui déforme légèrement son visage chaque fois qu'il s'apprête à répondre. Mais seule la naissance du premier mot est laborieuse; le reste de la phrase se déroule sans effort.

Aujourd'hui, seulement après que Spinelli en eut fait la remarque, j'ai réalisé qu'il s'agissait d'un défaut de prononciation. Jusqu'alors ce tic ne m'était apparu que comme un attribut. Ce détail caractérise mes rapports avec les hommes, même au point de vue moral.

Lecture : Stifter, *Le Condor*, une œuvre de jeunesse, qui est encore sous l'influence de Jean Paul. Mais les pousses sauvages sont déjà taillées, ce qui, dans la prose aussi, augmente la fécondité. Le morceau de bravoure qu'un auteur sacrifie à l'ensemble n'est pas perdu : il contribue à l'harmonie invisible.

Adelange, 23 juillet 1940.

Comme toujours après les guerres, les dépôts de munitions établis de tous côtés provoquent de nombreux accidents. Voici quelques jours, dans la forêt de Buschdorf, cinq ouvriers se sont amusés à lancer des grenades à main qu'ils avaient trouvées dans un abri abandonné. Un éclat dut tomber dans un amoncellement d'explosifs, probablement dans un chantier de mines. Il y eut une explosion qui faucha les arbres dans un rayon étendu, ébranla les villages des environs et déchiqueta les hommes.

Hier, trois enfants jouaient dans le village voisin avec la poudre en sachets que l'on trouve sur toutes les positions de batterie. Ils avaient vu leurs parents allumer le feu au moyen de ces sachets et en garnirent un poêle de fonte qu'ils avaient trouvé en forêt. Lorsqu'ils y mirent le feu, un violent retour de flamme les brûla mortellement.

Dans cette région fortifiée, il faut être prudent à cause des mines enterrées un peu partout. Arès a semé à chaque pas ses jouets sanglants.

Wadgassen, 24 juillet 1940.

Marche par Faulquemont, Saint-Avold, Lauterbach, jusqu'à Wadgassen, notre gare d'embarquement. Nous franchîmes la ligne Maginot et traversâmes les abords de l'ancien front, avec leurs villages déserts dans les jardins sauvages desquels brillaient de loin les hauts cierges de Notre-Dame parmi les têtes mauves de chardons. A la porte d'une étable était étalé un bouc mort – dernier des innombrables cadavres que nous ayons vus –, tout desséché, avec des trous dans la peau, par lesquels on voyait les côtes ainsi que les barreaux d'une cage. Il montrait les dents comme s'il eût souri en signe d'adieu.

A la frontière. Nous défilons devant le colonel, musique en tête. A Wadgassen nous trouvâmes les premiers habitants qui reprenaient possession de leurs maisons et de leurs jardins. Que tous puissent ainsi retrouver leur sol natal.

DU MÊME AUTEUR

Chez le même éditeur

ABEILLES DE VERRE
CHASSES SUBTILES
GRAFFITI/FRONTALIÈRES
HÉLIOPOLIS
TRAITÉ DU REBELLE
TRAITÉ DU SABLIER
LE NŒUD GORDIEN

Journal

Tome 1 : JARDINS ET ROUTES (1940-1941)
Tome 2 : PREMIER JOURNAL PARISIEN (1941-1943)
Tome 3 : SECOND JOURNAL PARISIEN (1943-1945)
Tome 4 : LA CABANE DANS LA VIGNE (1945-1948)

VISITE À GODENHOLM / LA CHASSE AU SANGLIER
ORAGES D'ACIER

IMPRIMÉ EN FRANCE PAR BRODARD ET TAUPIN
7, bd Romain-Rolland - Montrouge - Usine de La Flèche.
LIBRAIRIE GÉNÉRALE FRANÇAISE.

ISBN : 2 - 253 - 02987 - 4 42/3006/6